体育院校教师与学生心理契约的理论与实证研究

李姗姗　著

山东大学出版社

图书在版编目(CIP)数据

体育院校教师与学生心理契约的理论与实证研究/李姗姗著.—济南:山东大学出版社,2016.8
ISBN 978-7-5607-5610-3

Ⅰ.①体… Ⅱ.①李… Ⅲ.①体育院校－师生关系－研究 Ⅳ.①G645.6

中国版本图书馆 CIP 数据核字(2016)第 218594 号

责任策划:姜 山
责任编辑:宋亚卿
封面设计:张 荔

出版发行:山东大学出版社
社 址 山东省济南市山大南路 20 号
邮 编 250100
电 话 市场部(0531)88364466
经 销:山东省新华书店
印 刷:山东省英华印刷厂
规 格:720 毫米×1000 毫米 1/16
11.25 印张 208 千字
版 次:2016 年 8 月第 1 版
印 次:2016 年 8 月第 1 次印刷
定 价:30.00 元

前　言

师生关系是高校教书育人过程中最基本和最重要的关系，融洽的师生关系有助于教学相长，形成良好的学习氛围。尤其是当前，高校学风受到一些社会不良风气影响，在处理师生关系的问题上面临着前所未有的严峻挑战，改善教师和学生关系，促进教学管理体系改革是当前高校管理的一个重要工作。在我国高等学校体育教学的特定文化背景下，引入“心理契约”这一概念并付诸实践，有助于扭转当前高校师生关系恶化的局面。然而，长期以来，关于心理契约的分析主要以营利性企业机构为主，而对于老板与员工、教师与学生方面的心理契约研究较少，对体育教学过程中师生心理契约的研究还处于初级阶段，缺乏具有突破性的研究成果。基于此，本书将体育教师与学生的关系作为探讨的切入点，采用探索性研究和验证性研究的方法设计出体育教师与学生的双向视角心理契约测量量表，然后通过相关性分析和 t 检验评估体育教师与学生双方心理契约履行情况以及心理契约履行度，研究心理契约对高校师生关系的作用机制，以期针对高校教师与学生各自的心理契约及二者相互作用机制提出对策与建议，为高校体育教师管理政策的制定提供参考。研究结果主要包括以下几个方面：

(1)构建高校体育教师与学生的心理契约量表并进行量化分析。心理契约量表内容包括了教学责任、竞赛责任、提升责任、品行责任与交往责任 5 个维度，其中，有关学生的责任期望有 18 个题项，有关教师的责任期望和权利期望也有 18 个题项。本书基于体育教师和学生双向心理契约履行情况的调查统计问卷进行契约量表分析。

(2)探讨了体育教师与学生心理契约内容的共性及特性差异。体育教师立场上的学生责任认知与学生责任自我认知水平存在显著的差异；学生立场上的体育教师责任认知与体育教师责任自我认知水平存在显著的差异。

(3)通过分析体育教师与学生的心理契约履行程度的差异性，验证了体育教师与学生之间的心理契约在教师和学生责任履行程度上存在一定差异性。研究结果表明，体育教师的心理契约责任履行程度高于学生，其中，对学生的教学责任、竞赛责任和交往责任履行程度较低。在性别对体育师生间心理契约履行程度影响的研究方面，本书认为，男体育教师对心理契约的履行程度较高，学生群体中则是男学生对心理契约的履行程度较高。婚姻也是影响体育教师与学生心理契约责任履行程度的重要因素。已婚教师心理契约责任履行值低于未婚教师，其中，教学责任和竞赛责任差异最大。不同技能项目对体育教师与学生心理契约责任的履行程度存在影响。体能主导类对心理契约责任履行程度的影响高于技能主导类，个人项目类对心理契约责任履行程度的影响高于集体项目类。这可能与不同项目的教师教学思路和方法不同有关。体育教师与学生心理契约责任的履行程度也表现出动态特性，随着年级递进，学生心理契约责任的履行值先升高后降低。基于调研得出的研究结论，为差异性体育院校根据自身层次、特色，探寻关于师生心理契约问题，提供了可借鉴与参考的心理契约研究方式、方法，为高校教师对学生进行管理，以及师生心理契约关系的优化，提供了指导。

(4)针对体育院校教师与学生之间的契约履行度对教师教学行为和学生学习行为的影响机制，本研究认为，体育教师和学生心理契约责任的建立对教师教学行为和学生学习行为存在正向影响；体育教师和学生心理契约责任的建立对体育教师和学生心理契约履行存在正向影响；体育教师和学生心理契约履行对教师教学行为和学生学习行为存在正向影响；体育教师和学生心理契约履行在体育教师和学生心理契约责任与教师教学行为和学生学习行为之间起中介作用；组织环境在体育教师和学生心理契约履行与教师教学行为和学生学习行为之间起调节作用。这就为高校教育管理者采取管理措施与方法以及促进学生的学习行为提供了有力的理论研究支撑。

本研究构建了体育院校师生心理契约模型，开发出了一套测量体育教师和学生的心理契约的量表，并成功地从师生的相互期望中分离出了双方认同的心理契约内容。结果认为，不同人口学特征对体育院校师生心理契约及其履行度有重要影响，同时，心理契约也会影响到教师的教学行为和学生的学习行为。研究结果表明，通过心理契约管理可以让体育教师在教学过程中更加充分地履行其相关责任，进而将对体育院校学生的学习、训练行为产生更积极的影响，使心理契约的履行度成为教师教学效果的衡量指标；此外，也为从事高校教育的管理者采取管理措施与方法以及促进学生的学习行为提供了有力的理论研究支撑。因此，本研究有利于增强教师与学生对相互责任和义务的履行意识，从而保持教师与学生关系中心理契约的动态平衡，继而推动教师与学生关系的健康发展；同时，本研究具有理论和实践双重价值，不仅能为体育组织行为学领域做出一定贡献，还能直接为高效体育教师的管理提供借鉴。

李姗姗

2016 年 5 月

目　录

绪　论

一、研究背景与问题提出

伴随着高等教育迈入大众化时代，规模日益膨胀的高等教育对高校提出了严峻的挑战，如何管理高校教师就是其中一个不可回避的问题，各种改革措施层出不穷。当前改革的主要方向是待遇改革、管理体制改革、流动方式改革和激励体制改革等，且呈现新的特点。具体措施包括绩效工资、聘任制度和校长负责制度等。此外，高等教育的飞速发展同样带来了新问题和新挑战。如何处理各种新问题，解决各种突发状况，从而避免与旧有制度冲突进而引发更严重的问题，是高等教育过渡阶段面临的重要任务。在日常教学活动中，最普遍存在的就是师生关系，如何处理好两者间的关系，实现教学和谐发展，是各大高校需要解决的问题。因为两者的关系是相对较为特别的一种社会关系，能增进双方信赖程度，同时也是维系双方和谐沟通、促进教学的重要关系。不同于企业与员工间的经济契约关系，师生关系不能简单依靠规章制度来确定双方的权利和义务。因此，近年来，许多学者开始关注师生关系，并总结出师生关系在当代呈现出的新特点和问题。师生关系呈现出静态目标预成式、权威依附式、功利式、主客体二元对立式和单向度知识传播式的特点。[①] 除了学者，我国政府对高校师生关系也比较关注，《关于建立健全高校师德建设长效机制的意见》中，教育部就明确规定要对相关违反师德的行为给予惩处，要追究造成严重影响的违反师德行为的相关管理者的责任，还出台了“红七条”来具体表明哪些行为属于

① 参见巩斐：《现代高校师生关系研究》，西安科技大学硕士学位论文，2011年。

严重违反师德的行为，要对违反人给予严厉惩处。[①] 为了实现现代化的教育，提高高校教学的质量，也为了学生能拥有良好的学习环境，我们需要和谐稳定的师生关系，因为它能让教师全身心投入教学，能让学生全身心投入学习。因此，我们要做好相关引导工作，给学生和教师们以指引，从而让他们能沿着社会预期的方向，顺利完成教学要求，实现教育的目标。

高校体育教师作为高校教师中的一员，能够起到重要的作用。他们不仅肩负着引导大学生锻炼身体的重任，还肩负着指导社会大众锻炼的重任，在引导过程中还能进一步对大学生的人生产生影响。不仅如此，大学体育科研、体育思想传播以及引导全民锻炼、培养体育竞技人才等重任都由这一特殊群体完成。师生关系是体育教学中最为关键的人际关系，它对于教学目标的实现和教学质量的提高具有不可忽视的作用。在高校体育教学中，良好的师生关系是完成教学任务，促进学生健康发展，提高教学质量，完善教学目标的必要条件，有利于提高学生的综合素质，促进学生的个性发展，是解决高校体育教学的首要问题。然而，目前体育教学中的师生关系现状不容乐观，教师的思想认识、业务能力、教育理念、教学方式以及学生的组织纪律、意志品质和身体素质等因素均是影响教与学双方的主要因素，以教师为中心的传统思想的掣肘，师生间难以相互信任和理解的问题加剧，师生价值观念的转变均是使得高校体育教师与学生之间关系趋于紧张的因素。我国的高等教育正处于过渡阶段这样一个特殊时期，伴随着教师与学生之间关系的日趋复杂化，我们不禁要问：当前的教师与学生关系到底呈现一种什么样的状态？现在的教师与学生心中对彼此间的责任和义务是如何定位的？他们对自己及对方的表现作何评价？正是基于对以上问题的考量，我们认为有必要从心理契约这一双向视角出发，对当前教师与学生之间的关系状况做一次双向系统的深入调查。

提到契约，人们首先想到的是那些明确的、正式的、具有法律效力的书面合同和文件。尤其是在市场经济不断走向规范化和法制化的今天，书面的经济契约已成为现代社会一种十分普遍的现象。它通过对相互责任和义务的界定把个人与个人、个人与组织有机结合起来，对契约各方的社会行为和生活方式进行规范。但是，在这种正式的书面契约中，所能包含的内容多处于表层且十分有限，无法体现各方责任和义务的全部内容。而实质上，每个人心中都有一本

① 参见《教育部划高校教师“红七条” 禁与学生发生不正当关系》，2014 年 10 月 10 日，http://edu.china.com.cn/2014-10/10/content_33719280.htm.

“明细账”，无论是对组织还是对交往的对象，都记录着自己应该为对方付出什么，同时得到什么，对方应该得到什么，同时为自己付出什么，这就是以隐性、非正式的形式存在的心理契约，其本质是一种情感契约。因此，在这个意义上，心理契约可以成为改善个人与个人、个人与组织关系的强有力的无形工具。

“心理契约”这一概念以社会交换理论和公平理论作为理论基础，在20世纪60年代初被引入管理领域。自20世纪80年代起，国外出现了大量关于组织内心理契约的研究，取得了大量的研究成果，心理契约理论逐渐成为指导组织改进人力资源管理的重要依据。特别是在经济全球化的趋势下，企业组织实施的流程再造、战略联盟、兼并重组、组织扁平化等应对策略导致传统的组织与员工关系受到挑战，心理契约在这种背景下逐渐成为当前西方组织行为和人力资源管理领域的一个热门课题，也逐渐建立起了比较完整的理论模型。但在国内来说，尽管近些年相关领域研究成果不断增多，但仍属于一个新兴领域。有限的研究多数停留在对国外研究成果的综述上，少数的实证研究则集中在对企业员工心理契约结构的探讨上，很少涉及体育领域，在师生关系的研究中也少有选用心理契约这一视角的成果。

正是在这样的背景下，本研究试图把本质为“情感契约”的心理契约作为探讨教师与学生关系的切入点，了解体育教师和学生双方之间能否形成有效的心理契约，这种契约的结构又是什么，从而为开展体育院校师生心理契约的评价提供基本的认识。并且在构建两者之间心理契约结构的基础上，探讨体育院校教师和学生在责任和义务方面的差异，即教师一方的责任和义务与学生一方的责任和义务的差异。通过上述研究，力求正确评价体育院校师生双方心理契约的履行情况及分析双方存在的差异，进而为更好地构建体育院校师生关系提供理论和实践支持。最后，探讨了体育院校教师与学生双方心理契约的履行度对学生学习行为的影响机制，进一步深入了解心理契约的履行对学生学习行为的作用，为指导教师的体育教学提供参考建议。

二、研究目的

本研究将依托我国高等学校体育教学的特有文化背景，运用区别于以往仅用于经济领域的管理学理论，来研究高校体育教学中的师生关系，把心理契约这一管理心理学的概念作为探讨教师与学生关系的切入点，更加注重从体育教师与学生的内心和精神领域出发，探讨双方心理契约，把握其结构，通过分析师生双方对彼此心理契约的评价，来透视双方的关系现状，研究心理契约对人际关系的作用机制，并在实证研究的基础上，结合相关理论，进行深层次的探讨，提出改善教师与学生心理契约及关系的合理建议和对策，以此为依据，为高校体育教师管理政策的制定提供依据。

三、研究意义

1. 从一个崭新的角度进行教师与学生关系的探讨，能够开辟出更广阔的研究空间。无论是教师还是学生，都需要从思想观念上真正意识到教师与学生的关系对于教师教学和学生成长进步的重要意义并引起足够重视。

2. 教师与学生心理契约的研究，有利于完善教师与学生对彼此间责任和义务的履行意识，从而保持教师与学生关系中心理契约的动态平衡，推动教师与学生关系的健康发展。

3. 体育教学中的师生关系有自己的特色，复杂的结构与发展动态都能给教学活动、运动训练和体育成绩带来巨大影响。为使二者关系更加和谐，我们将运用心理契约理论深入探究，期待找到该理论对师生关系的作用原理，进而找到一定的方法并通过合理方式让二者关系更加融洽。因此，该研究具有理论和实践的双重价值，能为体育组织行为学领域做出一定贡献，并为高效体育教师的管理提供借鉴。

四、研究思路与方法

1. 研究思路与主要内容

本书将采用实证研究的方法，对体育类高校的师生关系展开深入研究，起点是心理契约量表，主要研究对象是学生与专业教师，进而考察师生心理契约中包含违背和履行的两种实际情况；通过访谈了解教师与学生的关系状况，探讨心理契约对二者关系的作用机制；最后，在组织行为学、心理和管理学相关理论的指导下，提出改善二者关系的措施。

主要内容如下：

第一章　心理契约及学习行为相关理论研究概况。主要对心理契约的概念、结构模型、理论发展以及学习行为相关理论等的研究进行了回顾和总结，并对体育领域心理契约的相关文献进行了全面的梳理。

第二章　研究方案总体设计。主要是对体育教师与学生心理契约的理论构想进行阐述，从而引出了本研究的整体方案设计，提出了研究目的和假设以及研究方法。

第三章 体育教师和学生心理契约责任与履行情况量表编制。借鉴国外和国内学者关于心理契约的测量量表，提出研究假设，严格按照量表编制的程序和方法，通过多元统计方法对预试量表的效度与信度进行了检验；运用AMOS 17.0检验二者相关数据的正态性，假设二者心理契约的结构模型，然后对比分析模型中各因子，验证后选择最优结构模型，从而进一步界定二者心理契约机构模型各部分的范围、含义等。

第四章 体育教师和学生心理契约的契约水平调查结果与分析。以体育院校的教师和学生为调查对象，采取分层抽样的方法，对不同人口学特征的教师与学生心理契约的契约水平进行分析。

第五章 体育教师和学生心理契约履行程度的调查结果与分析。以体育院校的教师和学生为调查对象，采取分层抽样的方法，分析不同人口学特征的师生心理契约履行状况。

第六章 体育教师和学生心理契约责任、履行和结果关系的实证研究。分析了心理契约责任、心理契约履行、组织环境对教师教学行为和学生学习行为的作用机制。通过结构方程模拟，试图寻找教师与学生心理契约对二者关系的作用机制，提出改善教师与学生心理契约的对策和建议。

第七章 体育教师和学生心理契约履行机制及对教师教学行为和学生学习行为影响的探讨。分析了心理契约履行机制、违背和破裂机制以及体育教师与学生心理契约的形成过程对教师教学行为和学生学习行为的影响机制。

第八章 结论与展望。对前面章节的研究进行汇总，指出本书的创新处，找出本书的不足和局限，提出展望。

2. 研究方法

(1)文献资料法

查阅中外相关文献资料，包括期刊、论文、专著等，主要途径是查阅国内外电子数据库。查阅范围涵盖统计、哲学、心理、体育、管理、管理心理学以及社会学等学科领域。

(2)专家访谈法

在问卷编制过程中，将对相关主体进行深入访谈，包括学生、体育教师、体育院校管理者、心理学专家等。先听取管理心理学专家的意见，再编制师生心理契约问卷。

(3)问卷调查法

以体育院校教师为调查对象。初次设计问卷题目的时候，调查问卷是开放式的，以方便搜集各方意见。前后发放、回收两次调查问卷后，再进一步编制问卷。最后，通过验证性和探索性因子分析以及项目分析，得到最终问卷，然后实地发放调查。

4. 数理统计法

利用 AMOS 17.0 软件对编制的问卷进行验证性因子分析，用 SPSS 16.0 软件分析心理契约的相关问题，包括进行 t 检验、相关分析、方差分析、回归分析、LSD 多重比较以及描述统计分析等多种分析。最后运用结构方程，深入分析研究数据。

五、研究技术路线（见图 0.1）

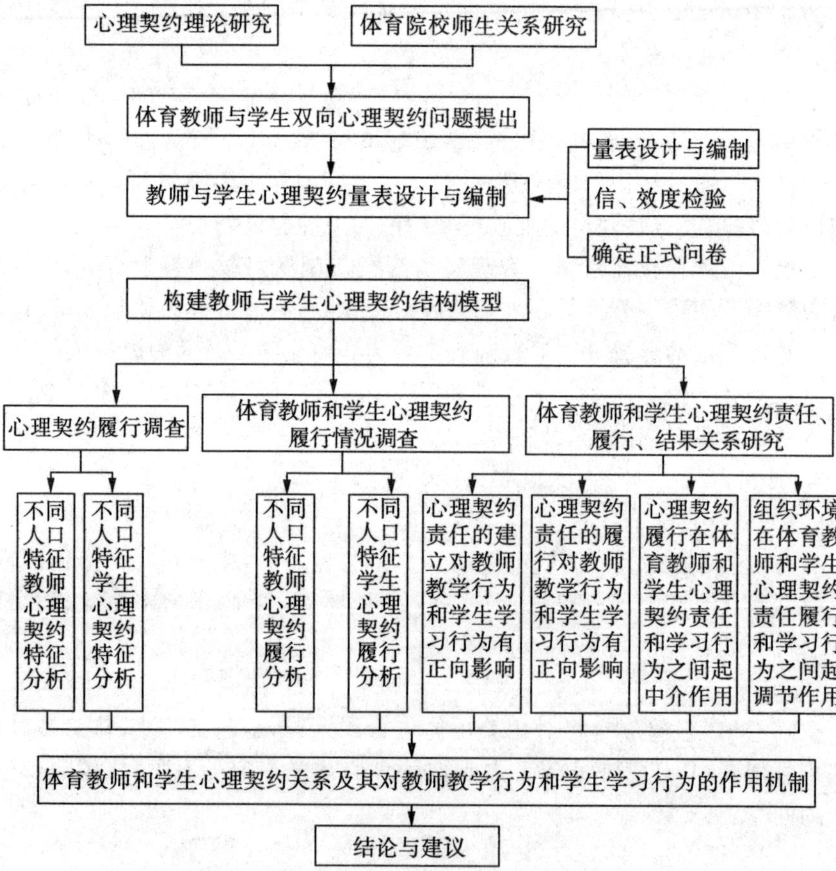

图 0.1　研究技术路线

六、本书创新点

1. 过去对心理契约的研究主要集中在雇主与雇员之间，本书研究的是在学校环境下体育教师与学生之间的心理契约关系，此研究是从心理契约这一视角对教师与学生双向的心理契约关系进行透视研究。

2. 在量表的选择和制定上，本研究制定了教师和学生心理契约的五维度结构：教学责任、竞赛责任、提升责任、品行责任和交往责任。这五个维度比以往对师生之间的心理契约的研究更加详细，更为接近体育院校师生在心理契约领域的研究状况，以期能够得到更合理和接近于事实的结论。而且，通过探索性和验证性分析，该量表结构合理，可信度较高，能够很好地预测体育教师和学生之间的心理契约。

3. 通过发掘体育教师与学生心理契约结构和心理契约履行状况，研究了体育院校师生之间的心理契约结构和履行情况的影响要素，同时结合学校的组织环境进行总体分析。

第一章 心理契约及学习行为相关理论研究概况

第一节 心理契约理论研究进展

一、心理契约概念的提出及发展

在心理契约概念的界定问题上，有广义和狭义两种。过去许多研究采用以Guest、Conway、Herriot 和 Masterson 等学者提出的广义概念，突出心理契约的初始含义，认为心理契约是缔约双方对彼此责任和义务的主观理解。① 以此为理论基础，从教师和学生双方的角度，探讨彼此在承诺基础上对双方责任和义务的主观感知。②

"心理契约"这一概念最早是在 1960 年由 Chris Argyris 提出的，虽然有了概念，但其并未给出具体的定义。他在专著《理解组织行为》中提出"心理工作契约"，指的是工头和工人间较为隐秘的关系，他用这一概念来描述这种非正式的并且相对默契的关系。③ Levinson 于两年后推进了这一概念，因此被称为"心理契约之父"。他不仅通过实证研究肯定了 Chris Argyris 的概念，还将之细化，

① Valerie Owen-Pugh, "The commercialising of British men's basketball: Psychological contracts between coaches and players in the post-bosman game," *Journal of Contemporary European Research*, 2007(3): pp. 255-272.

② Ans De Vos, Dirk Buyens, "Information seeking about the psychological contract: The impact on new comers' evaluations of their employment relationship," *Vleriek Leuven Gent Working Paper Series*, 2004(1): pp. 56-59.

③ Chris Argyris, *Understanding organization behavior*, London: Dorsey Press, 1960, pp. 23-29.

称为"未书面化的契约",并将之表达为"雇主和员工之间的相互期待的总和"。[①]这种契约大多变化多端,且没有具体的表象。之后的20年里,Schein站在两位大师的肩膀上,进一步细化这一概念,将心理契约界定为"所有管理者与成员和他人在任何时候都存在的且没有明文规定的一种期望"[②],充分印证了这一概念对组织行为学的重要性。他认为,心理契约决定了雇佣双方的权利和义务关系,心理契约在建设组织的过程中发挥了重要作用。1973年,Kotter通过研究认为,这一概念表达的是组织与个体的契约,比较隐性化的契约,还具体化了双方的期待。[③]

1989年,Rousseau挑战前辈的理论,认为心理契约并非员工和老板间较为隐性的期待。他在专著《组织中的心理契约》一书中提出,心埋契约是信念的汇合,背景是雇佣关系,主体是雇员,这种信念建立在信任、许诺和直觉的基础上。[④] 他认为,心理契约是个体雇员在受雇过程中自己主观组建的。而争论也由此开始,"谁是主观理解的主体"成为分流的关键点。一种观点认为,心理契约是个体在受雇过程中的理解和感受。这种理解较为狭隘,但具体的应用范围却极为广泛,代表人物包括Morrison、Rousseau和Robinson等。[⑤] 另一种观点则将重心落在心理契约的原意上:既是一种相互关系,又是双方应尽义务的感受。后一种观点的代表人物包括Masterson、Conway、Guest和Herriot等。[⑥] 20世纪90年代末,David E. Guest回答了为什么心理契约能有如此高的关注度这一问题。一是该理论顺应时代潮流,紧扣时代精神,学者们研究的理论映射了组织活动方向的转变,从以往的宗族和层级向市场转变。[⑦] 他们将研究的

---

① Harry Levinson, *Men, management and mental health*, Cambridge: Harvard University Press, 1962, pp. 20-30.

② Edgar H. Schein, *Organizational psychology* (3rd edition), Englewood cliffs, NewJersy: Prentice-Hall, 1980, pp. 89-90.

③ Kotter J. P., "The psychological contract," *California Management Review*, 1973, 15(3): pp. 91-99.

④ Denise M. Rousseau, *Psychological contracts in organizations: Understanding of written and unwritten agreements*, Thousand Oaks: Sage Publication, 1995, pp. 78-89.

⑤ Denise M. Rousseau, "New hire perceptions of their own and their employer's obligations: A study of psychological contracts," *Journal of Organizational Behavior*, 1990, 11(5): pp. 389-400.

⑥ Sandra L. Robinson and Denise M. Rousseau, "Violating the psychological contract: Not the exception but the norm," *Journal of Organizational Behavior*, 1994, 15(3): pp. 245-259.

⑦ David E. Guest, "On meaning, metaphor and the psychological contract: a response to Rousseau," *Journal of Organizational Behavior*, 1998, 19(S1): pp. 673-677.

注意力集中在契约化上，主要研究组织中的契约关系，凸显其多样和复杂的特质。二是该理论研究怎样分配权力。这也是社会交换理论的进一步发展和在人类学方面的应用。财富增长的不平衡是市场经济的主要特质，随之而来的是组织和个体间权力分配的不平衡，各种矛盾问题也随之而来。而心理契约理论能够将这些问题吸纳、解释，凸显出市场经济环境下，组织和个人权力不平衡的成本问题。三是该理论潜力很大，尤其是能挖掘出更多更重要的组织概念。因此，我们必须着重对该理论的信任、内容、交换和公平等问题进行研究。假设个人是自私自利的、不信任的，这就是交易成本经济学的前提。

心理契约理论，在早期主要有两个水平，其定义是员工、组织对相互间义务和责任的期望。第一个水平是个体水平，指的是个体对组织和自己的期望；第二个水平是组织水平，指的是组织对个体和自己的期望。我们很容易界定前者的心理契约，但对后者心理契约的界定却众说纷纭，大多不能确定谁能代表组织来反映心理契约。学者们都有自己的理解，一些较零散的理论先后被提出，但进行定量研究的只有 Kotter 一人。[①] Rousseau 学派的观点认为："心理契约是雇主与员工相互遵守的一种责任和义务，作为组织心理契约的一方，仅仅提供了心理契约形成的环境和背景，而自身不具有心理契约构建的认知加工过程。"[②]因此，他将心理契约定义为：在雇佣双方互动关系中，员工自身形成的一种相互责任和义务的信念和认知体系。所以，Rousseau 所作的研究具有突破性，可以与 Schein 和 Levinson 齐名。当然，还有一些学者对 Levins 和 Schein 的观点进行了发展，出现了学派间学术的激烈争鸣。[③] 古典学派的代表人物是 Guest，Rousseau 学派的代表人物是其本人。

不同于 Rousseau 学派的看法，有些专家对心理契约的界定有更为广义的观点，即心理契约是雇主与员工对相互责任、义务的理解、感知和期待。代表人物是 Argyris、Pemberton 和 Herriot 等，Argyris 是最早提出该观点的人。Rousseau 学派的代表 Rousseau 则认为，心理契约仅仅是员工对组织及自身契

---

① Kotter J. P.，"The psychological contract，" *California Management Review*，1973，15(3)：pp. 91-99.

② Sandra L. Robinson and Elizabeth Wolfe Morrison，"Psychological contracts and OCB：The effect of unfulfilled obligations on civic virtue behavior，" *Journal of Organizational Behavior*，1995，16(3)：pp. 289-298.

③ Sandra L. Robinson，"Trust and breach of the psychological contract，" *Administrative Science Quarterly*，1996，41(4)：pp. 574-599.

约的期待，没有契约化的这一过程。

在国内，相关研究开展得非常晚，最早的是陈加洲团队。他们认为，心理契约是一种心理约定，是雇佣关系中对双方责任等的主观约定和心理期待等感性的认识。还有学者认为，心理契约是一种隐性契约，存在于企业和员工之间，它包含很多内容，主要有组织和个人的目标、情感契合关系和承诺契合程度等，代表人物是程兆谦。

2002 年，李原对国内学者的研究进行了总结，认为国内对心理契约的概念没有共同的认识，有支持单边关系的，有支持双边关系的，有支持信念论的，还有支持相互直觉和认知论的。①

国内早期的研究中，对心理契约概念的认定存在一些偏差，导致有些学者将之与信念、期望、承诺等概念相混淆。但通过提出问题、深入讨论，对它的认定也逐步走向了清晰化。经过辨析后的心理契约概念主要包括两方面内容：一是契约关系，二是没有成文的期望。前者的主体包括组织和个人两方面，因为只有双方才能构成这种关系。心理契约是一种主观信念，虽然没有写在劳动合同上，但双方都有感知，包含着为彼此付出，并且得到回报的一种预期，也即双方隐性的义务和责任等。②

关于心理契约的研究成果，始终占据主流的是 Rousseau 学派的观点，国内的众多学者也多认同该学派的观点。2003 年，杨杰等学者认为，心理契约是建立在雇佣关系基础上的，是雇员对组织的期待，是单边关系，而其他契约都是建立在要约—承诺基础上的。③ 2007 年，曹威麟等学者提出，心理契约是双方的相互责任和期待，这是研究心理契约关系的前提。④ 该派学者强调，研究心理契约的双方关系应该坚持“双向观”，并以双向视角为踏脚石。虽然研究过程比较困难，但也不能像“单向观”学者那样将心理契约的研究方向转移到个体信念上。两派学者关于心理契约概念的争论仍在继续：“单向观”学派虽然已经有很多学术成果，但其结论却无法完全说服众人；而“双向观”学者正在探索艰难的

① 参见李原：《员工心理契约的结构及相关因素研究》，首都师范大学博士学位论文，2002 年。

② 参见林丽琴：《高职院校学生心理契约、满意度及学生管理的研究》，广州大学硕士学位论文，2012 年。

③ 参见杨杰、凌文辁、方俐洛：《心理契约破裂与违背刍议》，《暨南学报》（哲学社会科学版）2003 年第 2 期。

④ 参见曹威麟、杨光旭：《高校教师履行心理契约责任对学生学习行为影响的研究》，《黑龙江高教研究》2008 年第 8 期。

研究之路，从“侧面区分概念”这一角度来逐步研究心理契约这一概念，主要是区分心理契约和信念、期望等概念。李爱民(2008)提出，把心理契约概念引入组织管理研究需要一种哲学反思。从方法论角度看，心理契约将个体的生活世界作为考察组织行为的切入点；从内容来看，它将双方权利和义务关系的主观感知作为考察重点。[①] 王爱芬(2009)指出，心理契约概念的产生及其演变正是在社会交换和公平理论的基础上形成的。其核心假设是：组织与员工之间存在着互换互利的关系，维系它需要有一定的付出，同时也会得到一定的收益。尽管这种交换并非经济交换那样具有清晰明确的规定(正式契约)，但人们仍然会依靠社会规范和价值观念进行相应的衡量和对比。责任是社会交换中一个不可或缺的要素，因此，若要研究心理契约，必须重视责任在心理契约维度中的重要作用。[②]

二、心理契约的理论基础

1. 社会交换理论

1974年，霍曼斯提出了“社会交换理论”。该理论是通过借用其他领域(经济学)的概念提出的一种社会心理学理论，认为社会行为有赖于相互强化而得以持续发展。[③] 也有学者在1960年指出，社会生活中需要这种互惠关系来推动社会发展。古尔德认为，社会成员都应该对自己所获利益做出回报，作为“启动机”来推动社会的互动：一是因为人们应该回报帮助过他的人；二是大家应该帮助曾经给予自己温暖的人。[④]

社会交换，实质上是一种“互惠原则”，它在人类交往和社会行为中广泛存在。互换的内容并不局限于物质方面，所付出的成本也有可能是一定的精神压力、一定的忍耐力、一定的时间消耗或者放弃一定的利益与享受等，而所获得的回报也可能是精神奖励、精神抚慰等心理财富，或者是一定的声望、身份等社会财富，而不仅仅是物质财富等。总的来说，社会交换理论能用一个公式说明情

---

① 参见李爱民：《“心理契约”概念引入现代管理的哲学反思》，《社会科学战线》2008年第11期。

② 参见王爱芬：《心理契约的综述研究》，《教育理论与实践》2009年第S1期。

③ Valerie Owen-Pugh, “The commercialising of British men's basketball: Psychological contracts between coaches and players in the post-bosman game,” *Journal of Contemporary European Research*, 2007(3): pp. 255-272.

④ Lyman W. Porter et al., “Differential perception of employers' inducements: Implications for psychological contracts,” *Journal of Organizational Behavior*, 1998, 19(S1): pp. 769-782.

况:报酬一代价=结果。关系能否持续,取决于减法所得数值,如果为正就可以,如果是负数就可能出现各种问题破坏原有关系。在这个基础上,我们建立了心理契约理论。[①] 国内许多研究也支持社会交换理论是在心理契约上的延伸这一观点。如张媚迪、李富田(2009)认为,心理契约是员工与组织中间一种内隐的、不对外公开的期望,心理契约的理论基础是社会交换与公平理论,社会交换意识与感受到公平的程度对员工心理契约的形成与发展起决定作用。[②] 袁勇志、何会涛(2010)依据社会交换理论论证了转型经济条件下心理契约违背的几点原因。在对中国342名员工进行研究后,结果表明,组织支持感(POS)和领导成员交换关系(LMX)对心理契约违背都具有明显的负向影响。并且,这个研究也表明,组织政治知觉能够调节领导和成员之间的交换关系、组织支持感与心理契约违背的作用关系。[③] 金杨华(2014)在检验中国文化背景下组织公正维度结构的基础上,拓展了组织公正、社会交换关系变量与员工心理反应的关系研究。他认为,组织支持感和领导—部属交换关系对组织公正各维度均有显著的预测作用;程序公正、互动公正是心理契约违背感的有效预测指标,对组织支持感与心理契约违背间的关系具有部分中介作用,组织支持感还会对心理契约违背产生直接影响;领导—部属交换关系完全通过组织公正的中介作用对员工心理契约违背感产生影响。[④]

2. 公平理论

公平理论源于社会理论中的公平原则,是由著名学者沃尔斯和亚当斯经过研究所得的。该理论认为,绝对利益的平等并非社会交换双方的诉求,而相对的投入产出的平等才是。也就是说,一个理性社会人十分关注的是自己投入产出的相对量,而不是绝对数量。[⑤] 这一理论是我们进一步研究心理契约理论的基础。因为从该理论出发,受雇个体如果对所得回报较满意,就会有满意感,就

---

① Richard A. Guzzo, Katherine A. Noonan and Efrat Elron,"Expatriate managers and the psychological contract," *Journal of Applied Psychology*,1994,79(4):pp. 343-376.

② 参见张媚迪、李富田:《心理契约与社会交换、公平理论的关系》,《商场现代化》2009年第4期。

③ 参见袁勇志、何会涛:《组织内社会交换关系对心理契约违背影响的实证研究》,《中国软科学》2010年第2期。

④ 参见金杨华:《基于社会交换的组织公正与心理契约违背关系研究》,《商业经济与管理》2014年第11期。

⑤ Ans De Vos, Katleen De Stobbeleir and Anelies Meganek,"The relationship between een career—related anteeedents and graduates anticipatory psychological contracts," *Bus Psychology*, 2009, 24:pp. 289-298.

会继续现在的工作，甚至增加投入，以获得更多的回报，因为他对报酬公平的感受十分强烈。目前，国内许多研究从公平理论这一视角研究了心理契约。如张海涛(2012)对心理契约违背、组织犬儒主义、公平敏感性和离职倾向之间的关系进行了实证研究，认为在公平敏感性中，组织成员越倾向于付出，组织越少存在犬儒主义倾向；而偏向于获取，则组织犬儒主义倾向加强；公平敏感性能够有效地调节心理契约违背与组织犬儒主义之间的关系。① 潘剑群(2013)利用服务公平性、心理契约和客户忠诚三个维度，讨论在网络上表现为忠诚的顾客心理状态所隐藏的顾客心理实质，采取新的角度理解网络顾客。他认为，感受到服务公平的人群在心理契约方面有积极响应，而牢固的心理契约又可以加强顾客忠诚程度，且心理契约能作为中介变量对服务公平性和顾客忠诚产生影响。② 王文君(2014)基于社会交换理论在心理契约视角下分析公平与效率的问题，提出知识员工心理契约、组织公平感与工作绩效的理论模型，并进行实证检验，验证心理契约的中介效应。③

3. 激励理论

形成心理契约理论还需要内容和过程激励理论：前者包括赫兹伯格双因素理论、马斯洛的需要层次理论、大卫・克莱兰的后天需要理论和阿尔德佛的ERG理论；后者包括目标设置理论、强化和期望理论。④ 石巧妮(2007)提出认识和了解知识型员工对企业的期待和诉求，使知识型员工享受的权利和收获的回报与他们担负的职责和义务充分对等，这样能更充分地发挥他们的积极性。组织和员工之间内隐的相互期望是通过建立心理契约影响着员工的行为、工作态度、工作绩效、满意度及流动率等。知识型员工需求层次更高，其中包括员工的兴趣、职业生涯发展、个人成长等，而这些需要正是心理契约的核心内容。石巧妮基于心理契约理论，分别从心理契约结构和心理契约违背两个方面细致地分析知识型员工激励机制的原因及影响；通过分析心理契约建立知识型员工激

① 参见张海涛：《心理契约违背、组织犬儒主义、公平敏感性和离职倾向之关系研究》，中国地质大学(北京)硕士学位论文，2012年。

② 参见潘剑群：《基于心理契约的服务公平性对顾客忠诚的影响研究》，东华大学硕士学位论文，2013年。

③ 参见王文君：《知识员工心理契约在组织公平感与工作绩效间的中介效应》，见《职业发展与就业管理国际会议论文摘要集》，中国科学技术大学，2014年。

④ Mark V. Roehll, "An empirical assessment of alternative conceptualization of the psychological contract construct: Meaningful differences or much to do about nothing," *Employee Response Rights*, 2008, 20(4): pp. 261-290.

励模型，描述这一模型的主要框架和特色内容，综合激励模型、知识型员工激励问题的原因分析及实证研究结果，指出了核心为心理契约的知识型员工的激励策略及应该注意的问题。[①] 田宝军、蒋芳(2009)提出构建教师心理契约三维结构模型，从教师本身分析心理契约的差异性及对教师行为的影响，并在心理契约理论和管理激励理论的基础上，提出以心理契约管理为基础、心理契约和书面契约都得到重视的教师综合激励机制模型，详细阐述以心理契约的形成修正机制、履行激励机制、违背干预机制和规范约束机制为核心的教师综合激励系统的基本理论和实施措施。[②] 韩婷婷、李丽君(2012)以心理契约为理论基础探讨了滨海新区国际人才激励措施，通过对国际人才心理契约内容的归纳和总结，提出滨海新区国际人才激励问题的解决途径，促进国际人才智力资源有效利用，推进滨海新区持续发展。[③] 高平发、刘笑(2015)认为，通过心理契约理论建立的激励机制，能持续保持研究生的期望值，以研究生与导师、学校三方的联系，提高研究生的归属感，增强研究生的自我管理能力。[④] 赵峰等(2015)在提出创新型人力资源拥有更为强力的主观内心世界的基础上，将心理契约引入，以作用于其主观内心世界。通过心理契约公开→心理契约互动→心理契约明确的路径，使创新型人力资源的内隐需求公开化、主观需求客观化、模糊需求条款化，从而为围绕需求展开的激励工作提供了基础性前提。[⑤]

4. 价值观理论

组织行为学研究者和管理实践者都十分关注组织中的价值观倾向。价值观从不同的角度能得到不同的倾向性观点，从认知行为讲，它是指人类对人生有自身标准的追求，有了标准就能判断哪些最值得追求，哪些最值得珍惜，哪些

---

① 参见石巧妮:《基于心理契约理论的知识型员工激励问题研究》，东北财经大学硕士学位论文，2007年。

② 参见田宝军、蒋芳:《基于心理契约理论的教师激励机制研究》，《四川师范大学学报》(社会科学版)2009年第2期。

③ 参见韩婷婷、李丽君:《心理契约理论视角下滨海新区国际人才激励研究》，《特区经济》2012年第1期。

④ 参见高平发、刘笑:《基于心理契约理论的研究生激励机制的构建》，《中国石油大学学报》(社会科学版)2015年第2期。

⑤ 参见赵峰、连悦、徐晓雯:《心理契约理论视角下创新型人力资源激励研究》，《科学管理研究》2015年第1期。

是最重要的。[①] 因此，从这个意义上讲，价值观能引导人类的行为。如果一个人觉得追求一种事情或者行为有价值，能为他带来不同凡响的东西，那么，这个人就会拼尽全力去行动，去努力，甚至去奉献。如果他觉得没有价值，也就不会怎么关心其发展。如果他觉得这种事情或者行为有所违背自己的价值观，他甚至会付诸行动阻挠。因此，价值观的本质就表现为激发动机性行为和行动指向性行为，而且这种价值观一旦形成就会发生引导作用，发生方式和途径非常多样。1979 年，学者威廉姆斯通过研究就发现，价值观能让人们试图将外部刺激对内在的知觉反应与自身价值结构统一，对知觉过程产生极大的影响；还能鼓励和催促个体积极采取行动来保持其行为与价值观的一致性，进而对人们的判断、思维、情绪、决策以及行动等产生一系列的深入而广泛的影响。Rokeach 和 Lock 分别于 1987 年和 1976 年研究得出结论，认为个体的价值观调节着个体对组织提供的满足条件的看法。[②] 个体对认为并不重要的量变的组织特征并不感兴趣。近年来，国内也开展了一些心理契约和价值观理论关系的研究。比如，周文琦(2007)认为，心理契约提出的理论基础是社会交换理论和公平理论，并以交换双方的互惠关系为假设进行研究。而学者们对顾客价值的研究也无一不是从交换的角度来看待价值，并认同感知价值的核心是感知利得与感知利失之间的权衡，进而开创性地提出可以利用顾客的感知价值来实现对顾客内心契约的相关研究，扩展心理契约理论在营销学中的运用。[③] 黄华维(2009)结合心理契约和企业文化建设的国内外理论研究成果，探讨心理契约与企业文化建设、企业价值观内化的互动关系，提出从心理契约角度促进中国移动泉州分公司企业价值观内化的建议和措施。[④] 陈泽(2012)继承了西蒙·多伦和萨尔瓦多所建立的价值观管理理论，提出了一个从共享价值观到成员心理契约的概念框架，解答了理论上的价值观的作用机制问题和实践上的中国台湾地区佛教组织佛光山的组织机制问题。[⑤] 胡洁虹(2015)试图从心理契约的角度探索公务员与

---

① Jill Kickul and Scott W. Lester, "Broken promises: Equity sensitivity as a moderator between psychological contract breach and employee attitude and behavior," *Journal of Business and Psychology*, 2001, 16(2): pp. 191-217.

② Rita Claes, "Organization promises in the triangular psychological contract as perceived by temporary ageney workers, agencies, and client organizations," *Employee Responsibilities and Rights Journal*, 2005, 17(3): pp. 131-142.

③ 参见周文琦:《基于顾客让渡价值系统的顾客心理契约研究》，西南财经大学硕士学位论文，2007 年。

④ 参见黄华维:《基于心理契约的企业价值观内化研究》，厦门大学硕士学位论文，2009 年。

⑤ 参见陈泽:《从共享价值观到成员心理契约》，东北财经大学硕士学位论文，2012 年。

公共部门间的关系，引入工作价值观变量，进一步探讨心理契约、工作价值观和责任感三者的相互关系及影响机制，并基于研究结果，提出乡镇公务员心理契约重构、工作价值观正确树立及责任感提升的有效路径。[①] 郭丽鹃(2015)认为，心理契约不仅仅是组织单方面的责任和承诺，而且还是单位与个体之间相互对对方的期待，指出了组织价值观和积极心理契约效应，得出了组织价值观对员工职业成长具有显著促进作用的结论。[②]

三、心理契约的内容及发展

1. 心理契约的内容是雇佣双方相互责任的研究

20 世纪 90 年代，Rousseau 通过实证的方法研究探讨员工心理契约的主要内容，其研究对象是近 130 名工商管理专业的硕士毕业生。[③] 经过科学研究发现，心理契约的理论组成部分中，雇员心理契约的雇员责任包括不帮助竞争对手、忠诚、工作加班、离职前预先通知、保守公司秘密、接受内部工作调整、为公司效力两年以上和自愿从事职责外工作等八个内容。从 1994 年到 1996 年，Robinson 等学者在多次实证研究基础上证明了以上结论。[④] 这些研究成果共同构成心理契约相关研究领域的基石，主要探讨雇员心理契约的内容，当然是对组织和雇员双方的责任来进行研究的。

1997 年，Kidd 和 Herriot 等学者从管理者角度来研究雇员心理契约的内容，这里的管理者就代表组织。[⑤] 通过对雇员和管理者各 184 名人员的实证研究，发现两类的责任并不相同。雇员责任包括七个方面：敬业、诚实、守时、体现组织形象、忠诚、互助、爱护资产；组织责任比雇员多包括十二个方面：公正、福利、一致性、培训、友善、关怀、安全、信任、协商、理解、报酬、工作保障。二者的

① 参见胡洁虹：《乡镇公务员心理契约、工作价值观与责任感关系研究》，广西民族大学硕士学位论文，2015 年。

② 参见郭丽鹃：《员工职业成长：组织价值观与心理契约积极效应》，西安石油大学硕士学位论文，2015 年。

③ Denise M. Rousseau, "New hire perceptions of their own and their employer's obligations: A study of psychological contracts," *Journal of Organizational Behavior*, 1990, 11(5): pp. 389-400.

④ Sandra L. Robinson and Denise M. Rousseau, "Violating the psychological contract: Not the exception but the norm," *Journal of Organizational Behavior*, 1994, 15(3): pp. 245-259.

⑤ Rita Claes, "Organization promises in the triangular psychological contract as perceived by temporary ageney workers, agencies, and client organizations," *Employee Responsibilities and Rights Journal*, 2005, 17(3): pp. 131-142.

差异主要体现在六个方面，包括福利、友善、工作保障、安全、理解以及报酬。作为员工，组织希望他们能体现组织形象、爱护资产和保持忠诚；而作为组织，员工希望老板能多一些福利、理解和友善。在雇员责任调查中，双方也存在三个差异，组织重视忠诚，而雇员重视体现组织形象、爱护资产等。这个研究比较珍贵，因为很少有学者是从双方角度出发来研究双方责任，而这样的研究也相对较为烦琐和困难。

1998 年，学者 Pearce 和 Porter 等对 4 家企业的 51 名高管和 339 名员工进行研究，得到的职工角度的组织责任包括赏识、绩效奖励、有价值且具有一定难度的工作、发展机遇、自主与责任、一年及一年以上的工作保障、高效高薪、雇员参与决策、决策中考虑雇员利益。[①] 类似的研究学者还有 Turnley 和 Feldman (1999)[②]，Shapiro 和 Kessler(2000)[③]，Kickul 和 Lester(2001)[④]。近年来，对心理契约内容的探讨多数集中在雇员角度的雇主责任方面。

20 世纪末，学者 Tijoriwala 和 Rousseau 也从实证角度深入探讨雇员角度的雇员责任，其研究对象是医院的护士。主要研究内容包括工作超过两年、不帮竞争对手单位、愿意接受单位派遣出差、不外出找其他单位工作、接受单位派遣到外地工作、尽心保护医院秘密、工作尽全力、努力达标、遵守医院规章制度、着装整洁规范和接受内部的工作调动等。[⑤]

2. 心理契约内容的发展

心理契约的主观构建性，决定了其变化多样的特征，且随着时间的推移，雇员的态度、期望和心态也会因为社会环境以及雇佣环境的变化而变化。特别是 20 世纪 90 年代，雇员的这些方面都产生了很大波动，而研究对象和内容的波动

---

① Lyman W. Porter et al., "Differential perception of employers' inducements: Implications for psychological contracts," *Journal of Organizational Behavior*, 1998, 19(S1): pp. 769-782.

② William H. Turnley and Daniel C. Feldman, "The impact of psychological contract violation on exit, voice, loyalty, and neglect," *Human Relations*, 1999, 52(7): pp. 895-922.

③ Jackie Coyle-Shapiro and Ian Kessler, "Consequence of the psychological contract for the employment relationship: A large scale survey," *Journal of Management Studies*, 2000, 37(17): pp. 903-930.

④ Jill Kickul and Scott W. Lester, "Broken promises: Equity sensitivity as a moderator between psychological contract breach and employee attitude and behavior," *Journal of Business and Psychology*, 2001, 16(2): pp. 191-217.

⑤ Denise M. Rousseau and Snehal A. Tijoriwala, "What's a good reason to change? Motivated reasoning and social accounts in promoting organizational change," *Journal of Applied Psychology*, 1999, 84(4): pp. 514-528.

必然导致心理契约内容的变革。1995 年，在研究过程中发现，不同时代的心理契约有着不同的特点，而当前的心理契约关注焦点不同以往，主要集中在雇员和雇主责任、契约的基础和形式等方面。① 五年后，学者 Brewerton 等通过研究发现，当前的契约关系是组织为雇员提供职位转变、绩效奖金或者高额的薪酬来换取员工能更有责任、更加积极地增进自身技能来为企业工作更长的时间，换取员工能承受更大的工作压力来为企业创造更多的利益等。而传统的企业则是企业提供培训机会、工作保障和组织支持等来换取员工的信用、遵从和忠诚等。也就是说，新的契约关系对雇主和雇员角色的要求开始模糊化。②（两者之间的对比见表 1.1）

表 1.1　过去心理契约与现在心理契约的比较

特征	过去的心理契约	现在的心理契约
关注的焦点	工作保障，持续工作，忠诚	交易性，可雇佣性
契约的形式	有结构的，可预期的，稳定的	无结构的，灵活的，可协商的
建立的基础	惯例，公平，社会公正，社会经济地位	市场驱动，交易性，能力，技能，附加价值
雇主的责任	稳定持续，工作保障，培训，职业规划	对附加价值（利益）的公平回报
雇员的责任	忠诚，持续工作，参与，绩效达标，遵从权威	务实，创新，有提高绩效表现的能力，良好的绩效表现
契约关系	正式的，大多要经由中介机构来代理	个人有权对他们在公司内或公司外的行为负责
职业生涯管理	组织的责任，由人事部门规划和推动获得在组织内的螺旋式发展	个人的责任，经由个人技能的培训提高获得在组织外的螺旋式发展

国内学者张积家、邱炯亮（2005）采用预调查与正式调查相结合的方法对广

① Jean-Marie Hiltrop, "The changing psychological contract: The human Resource challenge of the 1990s, "*European Management Journal*, 1995, 13(3): pp. 286-294.

② L. J. Millward and P. M. Brewerton, "Contractors and their psychological contract, " *British Journal of Management*, 1999(10): pp. 253-274.

东省部分地市中小学教师进行问卷调查，结果表明：中小学教师和学校之间存在着两个比较明显的心理契约：一个心理契约是学校方面对教师的要求和期待，其中包括业务水平高、师德高尚、教学工作态度端正、富有敬业精神、身心健康和对学校忠诚六个要素；第二个则是以教师对学校的期待为主的心理契约，其中包括公平和价值方面的认同、进步和提升、高收入、良好的工作环境、情感付出、职业安全和人际关系和谐、工作压力适中七个因素。同时还发现：成就动机、自我效能感、人格特点、性别、学历、资历、职称、职务、学校类型等对教师的心理契约有重要影响。[①]

对以上研究进行汇总，发现不同时期的不同学者对心理契约的研究结论都有所不同，当然其研究对象也不尽相同。以往的比较权威的结论或许随着时代的发展就会成为错误的观点，而对一个样本使用的结论对其他研究样本未必同样使用。[②] 所以，我们需要研究心理契约的内容，而且要研究有差异的内容。

四、心理契约的维度

1. 关于心理契约结构的二维论研究

(1)“交易—关系”维度

20 世纪 90 年代，Rousseau 通过实证研究分析不同维度，进而抽出两对四个比较重要的变量。其分析方法是相关分析，研究对象是近 130 名工商管理专业的硕士毕业生，内容包括八项雇员责任和七项雇主责任。第一对变量体现的是雇员用忠诚、长期为雇主工作和接受内部调动来获取雇主提供的工作，且期限较长，这种契约关系建立在社会情感交易的基础上，被称为“关系契约”。第二对变量体现的契约关系建立在经济交换基础之上，是雇员通过职责外工作和加班等行为获得雇主职业发展保障、高额薪酬和培训等回报，被称为“交易契约”。[③] 自 1990 年 Rousseau 提出“交易契约与关系契约”理论以来，“交易—关系”维度模式在西方国家得到了一定程度的检验(Robinson，1996[④]；Millward

---

① 参见张积家、邱炯亮：《广东省中小学教师心理契约的结构及影响因素》，《教育研究》2005 年第 4 期。

② 参见陈加洲、方俐洛、凌文栓：《心理契约的测量与评定》，《心理学动态》2001 年第 3 期。

③ William H. Turnley and Daniel C. Feldman, “The impact of psychological contract violation on exit, voice, loyalty, and neglect,” *Human Relations*, 1999, 52(7): pp. 895-922.

④ Sandra L. Robinson, “Trust and breach of the psychological contract,” *Administrative Science Quarterly*, 1996, 41(4): pp. 574-599.

和 Hopkins,1998[①];Rousseau 和 Tijoriwala,1999[②]),很多研究者直接以"交易—契约"模式作为理论支撑,对心理契约相关问题进行展开分析。

(2)"内外在"维度

随着时间推移,Rousseau 的"交易—关系"模式逐渐被大众所熟知,对该模式的各种批判也随之而来,因为其理论存在明显漏洞。比如,"培训"这一因素在一个研究中隶属交易契约,而在其他研究中则隶属另一个契约。人们开始争论,有人认为交易和关系契约是有差异的两个维度,也有人认为二者是一个契约的两极。学者 Rousseau 认为其是两极,且二者呈现的负相关关系非常明显。[③] 然而,20 世纪 90 年代末,Millward 则通过研究发现,二者的相关系数为 $-0.2 \sim 0.3$,负相关系数并不高,处于中等水平。[④]

21 世纪初,Kickul 和 Lester 既研究了以往的文献,也对将近 250 名在职的工商管理硕士进行了实证研究。[⑤] 研究发现,只要研究心理契约的内容,必然包含两个与工作性质和完成有关的允诺。而实证研究中分析了样本 11 项雇主责任的影响因素,最终找到内、外两个契约因素。前者包括工作中自我控制、参与决策、自我控制和选择、有发展机会和从事挑战工作等与雇员的工作性质关系极大的由雇主参与的承诺。后者包括安全的环境、灵活的时间和竞争力强的薪酬等与雇员工作关系密切的,且是由雇主所作出的承诺。[⑥]

2003 年,国内也有学者开始研究这方面内容,还自己编纂了心理契约问卷,

---

① Lynne J. Millward and Lee J. Hopkins, "Psychological contracts, organizational and job commitment," *Journal of Applied Social Psychology*, 1998, 28(16): pp. 1530-1556.

② Denise M. Rousseau and Snehal A. Tijoriwala, "What's a good reason to change? Motivated reasoning and social accounts in promoting organizational change," *Journal of Applied Psychology*, 1999, 84(4): pp. 514-528.

③ Denise M. Rousseau and Snehal A. Tijoriwala, "What's a good reason to change? Motivated reasoning and social accounts in promoting organizational change," *Journal of Applied Psychology*, 1999, 84(4): pp. 514-528.

④ Lynne J. Millward and Paul Brewerton, "Psychological contracts: Employee relations for the twenty-first century," *International Review of Industrial and Organizational Psychology*, 2000(15): pp. 1-61.

⑤ Jill Kickul, Scott W. Lester and Jonathon Finkl, "Promise breaking during racial organizational change: Do justice interventions make a difference," *Journal of Organizational Behavior*, 2002, 23(4): pp. 469-488.

⑥ Jill Kickul and Scott W. Lester, "Broken promises: Equity sensitivity as a moderator between psychological contract breach and employee attitude and behavior," *Journal of Business and Psychology*, 2001, 16(2): pp. 191-217.

用以研究雇员心理契约的维度和心理契约的结构等。代表学者是凌文辁、方俐洛和陈加洲。[①] 其分析方法是探索性的因素分析法，通过该方法找到两个基本的因素，给予名称：发展责任和现实责任。通过一系列的分析，得出两维度拟合优良的结论。此外，还通过验证性因素分析法等对比分析了两维度和单维度的优劣。

2. 关于心理契约结构的三维论研究

1996 年，Rousseau 等学者研究认为，心理契约的维度共有 3 个，分别是团队成员、关系和交易维度。团队成员维度主要是对人际关系的支持，看组织和雇员是否重视这一关系。关系维度主要是对双方稳定关系的支持，看双方是否愿意为了发展共同维系一个长久稳定的关系。交易维度主要是对物质财富、基本义务的支持，看双方是否愿意为了各自的经济利益而承担相应的工作任务等。三年后，学者 Tinsley 和 Lee 通过自已的研究印证了这一观点，认为心理契约维度确实应该由这三个方面组成。1998 年，Pearce 和 Porter 等学者专注于研究组织责任，他们认为，从理论上讲，一个公司要想吸引到优秀的员工，就必须承担起九项责任。他们将这九项责任划分成三个维度，即对员工的承诺、职业发展的前景和绩效回报。职业发展的前景是为雇员提供真实的、自主的、有挑战的、员工有兴趣的和有意义的机会。绩效回报不仅包括精神性的赏识，还应有实际的物质奖励。对员工的承诺则是要打消员工的工作顾虑，采纳雇员良好的建议，对于高效率的雇员，要给予一定的奖励，至少保障一年及一年以上的工作机会等。通过建立这些维度，再对来自四家不同公司的三百多名员工进行实地问卷调查，来分析这些维度。遗憾的是，虽然做了问卷，但他们没有做后期的维度分析。

Shaprio 和 Kessler(2000)用因素分析法对九项雇主责任指标进行探讨，获得了三个维度。第一个维度是“交易责任”，也就是同经济和物质利益有关的责任；第二个维度是“关系责任”，即与雇员个人前途有关的责任；第三个维度是“培训责任”，即与雇员知识能力、增长有关的责任。

在国内，有学者以我国企业为背景，研究员工在我国文化影响下的心理契约的构成，李原就是其中之一。通过研究，李原非常支持三维度学说，认为心理契约应该包含人际性、发展性和规范性 3 种责任。[②]

---

① 参见陈加洲、凌文辁、方俐洛：《心理契约的内容、维度和类型》，《心理科学进展》2003 年第 4 期。

② 参见李原、郭德俊：《组织中的心理契约》，《心理科学进展》2002 年第 1 期。

3. 关于心理契约的四维论研究

Rousseau 根据契约长短和是否有明确的明文规定的绩效来对心理契约进行类型的划分,将其分成四种心理契约模型,即关系型、交易型、变动型和平衡型。[①]

(1)关系型契约:员工的工作要求不太清晰,和企业间的关系属于开放式的,且较为稳定。

(2)交易型契约:企业对员工的工作要求非常明确,但关系不太稳定,通常雇佣关系存续时间有限。

(3)变动型契约:企业对员工没有明确的工作要求,当然也没有明确的承诺,对将来的关系也没有良好的规划,但偶尔会通过一定的激励措施来鼓励员工。

(4)平衡型契约:企业对员工的工作要求非常明确,与之关系呈现明显的动态趋势。

综合以上研究,我们发现,心理契约是一个复杂的心理结构,对心理契约维度的探讨因其内容的复杂多样而很难达成一致的结论。与心理契约的内容研究相同的是,在不同关系类型中进行差异研究具有更大的意义。

五、心理契约的三种状态研究

20 世纪 70 年代中期,Wangler 和 Dunahee 通过研究得出结论,认为影响心理契约产生和延续的因素主要有三个:第一个是谈判,雇主在雇佣雇员前会通过谈判来形成一个预期的心理契约,这个是最基础的影响因素;第二个是调整,双方通过日常工作沟通来加深对心理契约的理解,进而清晰明确这种契约关系,这是对心理契约的一种再界定;第三个是保持动态的平衡,进而维持公平,如果一方认为现有契约有违公平,就会主动提出,通过协商等方式来加以平衡。

1. 心理契约的形成

1995 年,Rousseau 通过一系列的研究发现,有许多因素直接影响了心理契约的形成,这些因素可以归纳为两类:第一类是个体内部的因素,第二类是社会环境和组织等的外在的因素。前者主要包括人性特征、个人私有因素和心理预期编码等,后者主要包括社会线索、组织信息和社会大环境等。

20 世纪末,Feldman 和 Turnley 通过研究发现,有三个因素影响成员心理

① Denise M. Rousseau,"New hire perceptions of their own and their employer's obligations: A study of psychological contracts," *Journal of Organizational Behavior*,1990,11(5):pp. 389-400.

契约的形成:第一个因素是成员个人独特的对企业的期望;第二个因素是企业管理者向成员作出的承诺;第三个因素是在日常工作中,成员感觉到的和企业通过先进模范以及落后惩罚引导的,让员工体会到的企业的制度。[①] 笔者认为,Rousseau 对心理契约影响因素的划分比较适合我国的实际情况,能在我国进行理论应用,因为它不仅突出了组织环境的作用,还强调了员工个人主体的作用;而后两个学者则着重强调了环境在影响心理契约缔结中具有举足轻重的作用。

2. 心理契约的履行

履行心理契约实际上是个人主观性的比较和考察,这个主体就是组织成员中的一般个体。所谓心理契约的履行,实际上就是个体本身对实现组织承诺的一种感知。这个感知神通广大,能直接影响个体在组织中的工作满意程度、工作投入度和工作态度等影响组织运转的重要指标。如果心理契约履行良好,个人主体就会有一种组织归属感,能积极应对工作,能自信应对生活,并对组织充满感激,视组织为家,从而努力发挥能动性来提高工作效率,为组织做出更大的贡献。反之,将会满腹牢骚地进行工作,对工作漫不经心,认为工作就是一场赤裸裸的交易,没有归属感,甚至会对组织产生极强的怨怼。从本质上看,员工心理契约的履行指的就是他们主观认为的组织应为其承担的责任和自身应为组织履行的义务。这与实际中存在的双方履行的义务不尽相同,因为这里有员工个人的主观评判和认知。还因为契约者掌握着履行契约和兑现承诺的主动权,而这个主动权不仅与员工个人的工作态度和工作行为有关,还与组织的特征和员工个人的特质有关联。

3. 心理契约的破裂与违背及其后果

(1)概念

学者 Robinson 和 Morrison 通过对以往学者研究结论的总结,分析界定了违背心理契约的概念。他们认为,未履行的心理契约会产生一定的情感反应和认知评价,解释两者的过程相对比较复杂。违背和破裂在他们看来,是非常不同的概念,不能混淆。组织中的个体如果没有感知到心理契约包含的本应兑现的承诺或者义务,那么他们就会感知到破裂。换句话说,这种感知是一种认知评价,是对契约兑现的评价,而这种评价是一种主观的运算结果,是内心感其实

---

① William H. Turnley and Daniel C. Feldman, "Re-examining the effects of psychological contract violations: Unmet expectations and job dissatisfaction as mediators," *Journal of Organizational Behavior*, 2000, 21(1): pp. 25-42.

际获得和组织承诺间的差距。违背不同于破裂,它是一种情感体验,是一种强烈的情绪,是在组织不能按照预期的承诺履行时,个体对组织信念的丢失。这种丢失让个体感受到强烈的不公正对待,进而产生一系列负面情绪,如义愤、怨恨、心酸等。两位学者对概念的界定,划清了心理契约违背概念的界限。同时,他们的研究结论得到了大多学者的认可,为以后研究心理契约理论的学者提供了很好的理论借鉴。

(2)心理契约破裂与违背的机理分析

此问题的研究有两个比较经典的模型:一是 Morrison 与 Robinson(1997)的心理契约违背形成过程模型;二是 Turnley 与 Feldman(1999)的差异模型。由于心理契约破裂与违背发生的机理是复杂的,这些模型只是提供了一个理论框架,其科学性还有待验证。

①Morrison 与 Robinson 的心理契约违背形成过程模型,如图 1.1 所示。

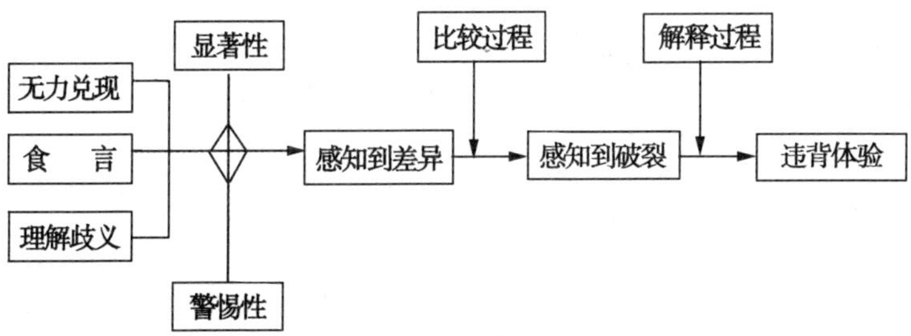

图 1.1　Morrison 与 Robinson 的心理契约违背形成过程模型

这一模型表现出这样的观点:心理契约的破裂和违背存在时间上的先后,在这样一个高度主观地获得和解释信息的过程中,警惕性和显著性扮演着重要的角色。当一方觉察到自己的付出未得到允诺的回报时,心理契约的破裂和违背就极有可能发生。

②Turnley 与 Feldman 的差异模型如图 1.2 所示。

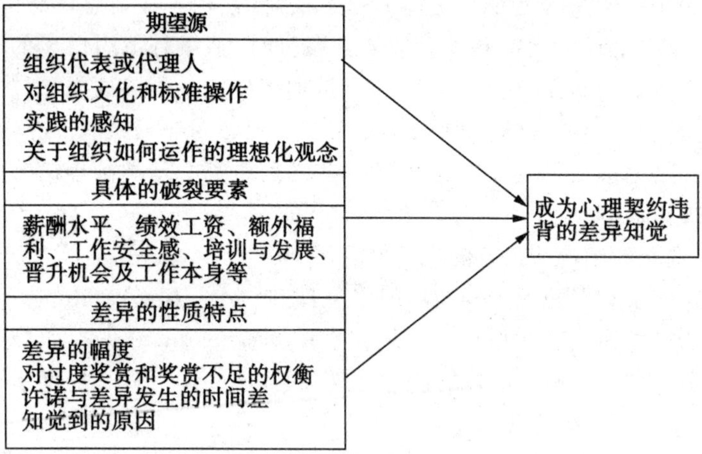

图 1.2 Turnley 与 Feldman 的差异模型

这一模型较详细地列举了促成心理契约破裂与违背发生的原因，上述因子都显示了心理契约破裂和违背原因的复杂性和主观性，这也意味着预防和避免心理契约的破裂与违背是一项较难把握的工作。

(3)心理契约破裂与违背后的情感和行为反应

20 世纪末，学者 Feldman 和 Turnley 着重研究了破裂和违背心理契约后的情感和行为反应。[①] 通过研究，他们发现，违背心理契约后，员工通常会选择四种方式表达不满：第一种是辞职；第二和第三种分别是降低职务内、外绩效，前者是指员工仅仅完成分内工作(in-role performance)，后者是指员工不再帮助其他同事或者加班等组织公民行为(extra-role performance)；第四种就是出现反社会的行为，主要是打击报复组织，或者欺骗、偷窃、攻击其他人等。随后也有许多学者进行了相关研究，也都支持前两位学者的结论。他们研究发现，违背心理契约确实会降低雇员对组织的满意度和对雇主的忠诚度，同时还会降低其责任感。很显然，违背相对于员工来说极为不利，会让原本积极贡献、责任心强的员工降低对组织的贡献程度，甚至另谋高就。随之而来的或许还有损坏组织声誉的事情，甚至是法律诉讼等，这些对组织的负面影响都非常大。

在 Feldman 和 Turnley 的模型中，有一些调节因素还存在于违背和行为反

① William H. Turnley and Daniel C. Feldman, "Re-examining the effects of psychological contract violations: Unmet expectations and job dissatisfaction as mediators," *Journal of Organizational Behavior*, 2000, 21(1): pp. 25-42.

应间。换句话说，劳动力市场、组织实践和个体的差异能够影响违背和反应行为。Feldman 和 Turnley 的模型将调解因素分为个体差异、组织实践、劳动力市场状况三个要素。这里个体的差别有个人的情感、公平感知、正直品格等因素；组织实践包括程序公平和交互公平、补偿方式、工作关系质量等因素；劳动力市场包括离职成本、员工可替代性、有吸引力的替代工作等因素。而 Feldman 和 Turnley 的模型研究的心理契约违背指的是员工在心理契约违背方面的员工反应，具体的有离职、降低职务内绩效、降低职务外绩效和反社会行为等。

另外一种观点则认为，当个体感受到心理契约遭到违背时，通常会采取四种主要的行动方式作为回应，并且这四种主要的行动方式可以按积极主动的—被动的和破坏性的—建设性的两个维度进行划分（见表 1.2）。

表 1.2　　心理契约违背的行为反应类型

	积极主动的	被动的
破坏性的	离职	破坏、忽略
建设性的	申诉	沉默

James E. Agee(2000)对一所公立大学的 121 位全职教师进行调查，以研究心理契约破裂的作用方式。结果表明：心理契约破裂对公民素质、捐赠意向、情感承诺、离职倾向、组织参与和专业发展都有直接和间接影响。其中，间接影响主要是通过“对大学的信任”这一中介变量实现的。同时验证了 Morrison 和 Robinson(1997)的心理契约破裂模型。所验证的几个缓和因素（责任归因、未实现的期望、程序公平和对系的信任等）的作用都不显著。

新加坡学者张艾栋和方永青(2002)研究了小学教师心理契约、工作态度及工作绩效之间的关系。结果发现：认知到的心理契约履行将带来认知到的分配公平，随之带来高水平的组织承诺，最终带来高水平的工作绩效；认知到的心理契约履行将带来高水平的工作满意度，随之带来高水平的组织承诺，最终带来高水平的工作绩效；认知到的分配公平会带来高水平的工作满意度，随之带来高水平的组织承诺，最终带来高水平的工作绩效；高水平的工作满意度也会直接带来高水平的工作绩效。

2002 年，李原研究了新入职员工的心理契约违背，影响违背的因素等，发现新员工的心理契约违背与组织满意度间的负相关系数非常高，新员工一旦感受到承诺和感知间的差距，就会出现心理契约的违背情况。[①]

2005年，李晓以中学教师为对象研究了其教师工作倦怠和违背间的关系。[②] 调查发现，教师倦怠和离职都与违背有很大关系，且三者互为预测变量，契约违背程度越低，意味着教师工作倦怠水平和离职倾向越低。

六、心理契约在我国的研究概况

我国学者对心理契约的研究起步较晚，最早进行这一方面研究的学者是21世纪初的陈加洲，他出版了《员工心理契约的作用模式与管理对策》一书。其次是李原，其在博士论文中研究了心理契约的问题，题目是“员工心理契约的结构及相关因素研究”。2003年研究的代表学者是余琛，其研究的题目是“员工心理契约与持股计划研究”。随后，魏峰和申学武分别研究了组织管理方面的心理契约违背和违背及干预等内容。2005年，朱晓妹在其博士论文《基于心理契约的薪酬模式研究》中，就心理契约、薪酬模式及两者之间的作用机制进行了研究。

此后，在2006年和2007年两年里，我国学者进行相关研究的速度不断加快。如周莉(2006)的《基于心理契约的企业家激励研究》、林聪(2006)的《企业关键员工人力资源开发与管理研究》、卫琳(2007)的《我国公务员心理契约问题研究》、李红霞(2007)的《学校文化构建中的心理契约研究》和李双江(2007)的《知识型员工心理契约管理研究》。

宋长征(2008)对如何在共建和谐企业过程中有效运用心理契约作了分析，认为如何取得企业与员工在共建和谐企业中达到同频共振的效果，这是构建和谐企业的关键。[③] 陈忠卫、陈传明(2008)认为，从企业动态成长的角度看，创业团队个体成员与创业团队(或公司)之间健康的心理契约关系有助于形成积极的组织承诺，从而使创业团队企业家精神得以强化；相反，心理契约关系的破裂与违背，可能导致创业团队企业家精神的退化。[④] 张媚迪、李富田(2009)认为，心理契约是员工与组织之间一种隐含的、未公开说明的期望，关键的理论基础是社会交换与公平理论，社会交换意识与公平感知支配着员工心理契约的形成与发展。[⑤] 郭慧、钟胜(2009)在服务营销顾客满意研究领域提出心理契约的概

---

① 参见李原：《员工心理契约的结构及相关因素研究》，首都师范大学博士学位论文，2002年。

② 参见李晓：《中学教师心理契约结构、类型及违背效应研究》，曲阜师范大学硕士学位论文，2005年。

③ 参见宋长征：《“心理契约”在企业中的运用》，《人力资源管理》2008年第12期。

④ 参见陈忠卫、陈传明：《创业团队、心理契约与企业家精神传承》，《改革》2008年第12期。

⑤ 参见张媚迪、李富田：《心理契约与社会交换、公平理论的关系》，《商场现代化》2009年第4期。

念，旨在探讨心理契约、顾客满意与顾客忠诚之间的因果关系。① 张涛、李亚萍(2010)研究了心理契约理论在军队文职人员管理中的应用。② 喻建良等(2011)认为，关系心理契约主要通过影响消费者的网络信任来影响重复购买意向，交易心理契约尽管同样主要是通过网络信任来干涉购买意图，但能对网络信任产生的影响要远远低于关系心理契约。③ 朱琼(2011)针对我国公共部门尤其是政府部门在绩效评估方面的问题，从心理契约的视角探索解决问题的途径和方法，旨在推动公共部门绩效评估工作的发展。④ 蔡文著、杨慧(2013)构建了农户感知心理契约在渠道关系治理方式对农户行为影响中具有中介效应的假设模型，通过变量的操作性设计与数据调研，运用 AMOS 17.0 对基于理论分析推导出的假设模型进行了实证研究。结果显示，农户依从与情感承诺等农户行为不仅有赖于显性契约，而且在一定程度上还会受到非显性规范即农户感知心理契约的中介影响，进而提出了相应的政策建议。⑤ 黄艳萍(2015)通过回顾和梳理自然口碑和奖励推荐计划(Referral Reward Program，RRP)口碑的概念，引入心理契约，构建了一个整合性的研究框架来分析心理契约对顾客口碑传播的影响，同时运用结构方程模型开展了实证研究。⑥ 顾渊雨(2016)研究了心理契约在儿童习作互评中的积极运用，他认为，拥有心理契约的学生探究共同的对象，发表折射思维特点的个性化观点，担负修改、润色、完善习作的任务，构建和谐的对话学习场。⑦

与此同时，笔者还查阅了大量电子文献，研读了大量相关研究，发现我国大多将心理契约应用在提高员工工作效率、潜力和积极性等人力资源管理方面，研究者开始重视内在的心理因素，而且其研究成果大多集中在企业里。这是我国学者研究心理契约的一个特征。另一个特征则是研究对象多为知识型的。通过对这些行业里的员工和企业间心理契约的维度、内容和现状的研究，给出了理论指导建议和相对应的改善措施。

---

① 参见郭慧、钟胜：《心理契约、顾客满意与顾客忠诚关系研究》，《商场现代化》2009 年第 5 期。

② 参见张涛、李亚萍：《心理契约在军队文职人员管理中的应用》，《人才开发》2010 年第 1 期。

③ 参见喻建良、李岳、倪剑：《基于心理契约的网络消费者重复购买意向实证研究》，《财经理论与实践》2011 年第 1 期。

④ 参见朱琼：《心理契约视角下公共部门绩效评估探析》，《中国集体经济》2011 年第 4 期。

⑤ 参见蔡文著、杨慧：《农产品营销中农户感知心理契约对农户行为的影响——基于江西省农户调研的实证研究》，《经济管理》2013 年第 2 期。

⑥ 参见黄艳萍：《心理契约对顾客口碑传播的影响研究》，《商场现代化》2015 年第 28 期。

⑦ 参见顾渊雨：《心理契约在儿童习作互评中的积极运用》，《江苏教育》2016 年第 1 期。

七、心理契约研究存在的问题

1. 现有研究没有对心理契约进行整体性的、连续性的研究，很多研究或只有早期的，或只有晚期的，缺乏早、中、晚的连续性。

2. 现有研究较为分散，横跨很多领域，缺乏系统性、综合性的研究，而且具有创新性、本土性的研究较少；缺乏整体性、系统性的关于心理契约规律的研究；行业信息不畅通，研究方法相似等。

3. 现有的研究没能很好地和前人的研究成果进行对接，缺乏连续性，很多研究仅仅是单纯地重复前人的研究；对于研究对象具有很大的盲目性，没有紧跟学术动态。

4. 我国对心理契约的研究大多建立在国外理论的基础上，没有基础性的理论创新，更没有概念性的创新，大多围绕心理契约的违背和相关概念进行，没能探究其本质问题，也缺乏系统的对契约形成的心理学研究，这些都是很有应用和理论价值的。

针对上述存在的问题，国内学者开始逐渐重视对心理契约的研究，而其研究成果也逐渐在众多行业中发挥应有的指导作用，并且研究领域也开始向外扩展。同时，也越来越接近清晰的心理契约的特质，利用心理契约理论解决实际问题的效率也逐步提高，指导更为科学。

到目前为止，关于心理契约的研究已取得了丰厚的理论成果，尤其是在其概念、内容、破裂与违背等方面。尽管缺乏对心理契约形成的原因、结果、本质特点等问题的研究以及关系双方角度的双边责任研究，但已有的理论能为我们的实证研究提供充足的理论基础。同时，我们发现，尽管现有的研究中也有涉及体育组织领域的，但少有对教师和学生的心理契约的探讨。因此，我们的研究在这方面将是一个崭新的尝试。

第二节　体育教师与学生心理契约研究综述

一、高校教师心理契约研究概况

近年来，关于教师心理契约的研究逐渐成为热点，主要研究成果有：

1. 关于心理契约在高校教师管理方面的应用研究

2006～2010 年，这方面的主要研究成果有王敏的《构建我国高校教师管理中的“心理契约”模式》[①]，黄跃新的《心理契约——高校教师管理的基石》[②]，徐发秀、雷关华的《心理契约构建与高校教师管理》[③]。2010 年后，高校教师管理的研究有张立迎、杨平的《基于心理契约维度的高校教师管理》[④]，王姝的《基于心理契约理论的高校教师管理研究》[⑤]，沈茹的《高校教师管理中良好心理契约的构建》[⑥]等。

2. 关于心理契约与高校教师职业生涯的研究

研究心理契约与教师职业生涯的关系，是为了让高校教师更好地进行职业规划和发展。这方面的主要成果有高晓芹的《基于心理契约的高校教师职业生涯管理》[⑦]，程云喜的《高校教师心理契约与职业生涯管理的整合研究》[⑧]，张丽萍的《基于心理契约的高校教师离职倾向研究》[⑨]，金艾裙的《基于职业生涯发展的高校教师心理契约管理》[⑩]，郑娟新的《基于心理契约的高职教师职业生涯管理》[⑪]，朱晓红的《心理契约构建与高校教师的职业生涯管理》[⑫]，王莉的《心理契约在高校教师职业生涯中的管理整合研究》[⑬]，许艳营的《心理契约、工作满意度与高校教师职业倦怠的关系研究》[⑭]等。

---

① 参见王敏:《构建我国高校教师管理中的“心理契约”模式》,《长春工业大学学报》(高教研究版)2006 年第 1 期。

② 参见黄跃新:《心理契约——高校教师管理的基石》,《湖南行政学院学报》2006 年第 1 期。

③ 参见徐发秀、雷关华:《心理契约构建与高校教师管理》,《天水师范学院学报》2006 年第 3 期。

④ 参见张立迎、杨平:《基于心理契约维度的高校教师管理》,《黑龙江高教研究》2010 年第 8 期。

⑤ 参见王姝:《基于心理契约理论的高校教师管理研究》,南京理工大学硕士学位论文,2012 年。

⑥ 参见沈茹:《高校教师管理中良好心理契约的构建》,《苏州科技学院学报》(社会科学版)2012 年第 6 期。

⑦ 参见高晓芹:《基于心理契约的高校教师职业生涯管理》,《山西财经大学学报》(高等教育版)2006 年第 4 期。

⑧ 参见程云喜:《高校教师心理契约与职业生涯管理的整合研究》,《河南工业大学学报》(社会科学版)2008 年第 1 期。

⑨ 参见张丽萍:《基于心理契约的高校教师离职倾向研究》,哈尔滨工程大学硕士学位论文,2013 年。

⑩ 参见金艾裙:《基于职业生涯发展的高校教师心理契约管理》,《江苏高教》2012 年第 4 期。

⑪ 参见郑娟新:《基于心理契约的高职教师职业生涯管理》,《职教论坛》2012 年第 2 期。

⑫ 参见朱晓红:《心理契约构建与高校教师的职业生涯管理》,《新乡学院学报》(社会科学版)2013 年第 5 期。

⑬ 参见王莉:《心理契约在高校教师职业生涯中的管理整合研究》,《时代教育》2013 年第 23 期。

⑭ 参见许艳营:《心理契约、工作满意度与高校教师职业倦怠的关系研究》,河南师范大学硕士学位论文,2014 年。

3. 关于心理契约与高校教师激励的研究

在高校教师激励与心理契约研究方面的成果主要有梁超雄、陈汝军的《心理契约对高校教师的激励价值作用》①,刘玄正的《基于心理契约的高校教师激励机制创新的制度安排》②,陈艳、邹循豪的《基于心理契约理论的高校教师管理激励研究》③,冯骏的《心理契约视角下民办高校教师科研动机及激励策略研究》④,李越恒的《从心理契约视角论高校教师激励机制的创新》⑤等。

4. 关于高校教师心理契约的结构、作用与构建等的研究

梁超雄的《高校教师心理契约的构建》⑥和盛光斌、肖传亮的《高校教师管理中心理契约的作用及其构建》⑦,主要研究了教师心理契约的机构、维度和内容等。近年来,关于高校教师心理契约结构、作用与构建等的研究并不是非常多,主要有林澜、伍晓奕的《高校教师心理契约的结构探索》⑧和崔静的《论民办高校教师心理契约的构建——以重庆某高校为例》⑨。

5. 关于高校教师心理契约违背的研究

心理契约违背是心理契约处于不良情况下对主体研究对象即高校教师工作的影响。因此,这方面的研究符合心理契约研究的目的,优秀的研究同样能从反面给予借鉴意义,从而提高高校教师工作的积极性等,加强对高校教师的管理。这方面的主要研究成果有诸桂英的《高校教师管理中心理契约的违背及

---

① 参见梁超雄、陈汝军:《心理契约对高校教师的激励价值作用》,《发展》2007 年第 5 期。

② 参见刘玄正:《基于心理契约的高校教师激励机制创新的制度安排》,《当代教育论坛:校长教育研究》2008 年第 5 期。

③ 参见陈艳、邹循豪:《基于心理契约理论的高校教师管理激励研究》,《文史博览》(理论) 2015 年第 8 期。

④ 参见冯骏:《心理契约视角下民办高校教师科研动机及激励策略研究》,上海师范大学硕士学位论文,2015 年。

⑤ 参见李越恒:《从心理契约视角论高校教师激励机制的创新》,《湘潮月刊》2013 年第 12 期。

⑥ 参见梁超雄:《高校教师心理契约的构建》,《职业圈》2007 年第 7 期。

⑦ 参见盛光斌、肖传亮:《高校教师管理中心理契约的作用及其构建》,《荆门职业技术学院学报》2007 年第 7 期。

⑧ 参见林澜、伍晓奕:《高校教师心理契约的结构探索》,《福州大学学报》(哲学社会科学版)2011 年第 5 期。

⑨ 参见崔静:《论民办高校教师心理契约的构建——以重庆某高校为例》,《人力资源管理》2014 年第 10 期。

防范策略》[①],商磊、王金涛的《高校师资管理改革中的心理契约违背问题分析》[②]等。近年来,关于高校教师心理契约违背的研究都与其他方面相结合,如王永刚的《组织公平、心理契约违背与工作态度——基于"绩效工资"政策背景下高校教师的实证分析》[③],张丽萍的《基于心理契约的高校教师离职倾向研究》[④]等;关于高校教师管理中心理契约的违背机制和个案探讨也有所涉及,如周晗、高山的《基于利益相关者的高校教师心理契约违背及干预研究》[⑤],江忠华的《高校教师心理契约违背及规避机制探析》[⑥]以及张飞文的《高校师生心理契约演变及违背破裂的个案研究》[⑦]等。

除此以外,还有学者研究对比中外高校教师关于心理契约以及学生行为是否受到教师心理契约的影响等。

综上所述,关于高校教师的心理契约的研究增长速度较快,各种尝试性的、深入的研究层出不穷。从总体上看,研究呈现出横向研究多,连续、系统研究少等特点,表明我们的研究正处于初级、摸索阶段,还有很多问题需要进行深入的探讨。

二、高校体育教师心理契约研究概况

以高校体育教师心理契约为研究对象的文章较少,苏贵斌的《心理契约与体育教师工作满意度》[⑧]的研究仅仅停留在理论层面上,没能通过实证进行深入探讨。下面对其他相关的研究进行简要说明。

1. 高校体育教师心理契约前期铺垫研究

与心理契约这一非清晰的心理研究相关的因素较多,包括成就动机、离职

---

① 参见诸桂英:《高校教师管理中心理契约的违背及防范策略》,《中国电力教育》2008 年第 7 期。

② 参见商磊、王金涛:《高校师资管理改革中的心理契约违背问题分析》,《北京交通大学学报》(社会科学版)2009 年第 4 期。

③ 参见王永刚:《组织公平、心理契约违背与工作态度——基于"绩效工资"政策背景下高校教师的实证分析》,《南京理工大学学报》(社会科学版)2012 年第 6 期。

④ 参见张丽萍:《基于心理契约的高校教师离职倾向研究》,哈尔滨工程大学硕士学位论文,2013 年。

⑤ 参见周晗、高山:《基于利益相关者的高校教师心理契约违背及干预研究》,《重庆理工大学学报》(社会科学版)2015 年第 3 期。

⑥ 参见江忠华:《高校教师心理契约违背及规避机制探析》,《 江苏高教》2015 年第 5 期。

⑦ 参见张飞文:《高校师生心理契约演变及违背破裂的个案研究》,中国科学技术大学硕士学位论文,2010 年。

⑧ 参见苏贵斌:《心理契约与体育教师工作满意度》,《黑龙江高教研究》2009 年第 6 期。

意向、工作满意程度和倦怠、组织承诺和个人特质等。关于这些方面的一部分研究成果，可以作为本书研究的重要参考材料。例如，周玉红、周学荣的《南京市高校体育教师个体特征对其工作满意度影响的实证研究》对南京市高校体育教师个体特征及其工作满意度之间的关联性进行了实证分析[①]；吴冰的《体育教师工作满意度研究现状综述》对国内教师工作满意度研究现状进行总结与分析，发现我国对体育教师的工作满意度研究少，研究和测量手段单一，研究结果不一致[②]；邱芬、王斌的《高校体育教师工作满意度及其与组织承诺关系的研究》以我国部分省市的高校体育教师为施测被试，对工作满意度的预测因素以及工作满意度与组织承诺的关系进行考察[③]；刘贤辉、祝榕的《福建省高校体育教师工作满意度调查》对178位福建省高校体育教师进行调查研究，从中了解到福建高校体育教师工作满意度的现状及特点[④]。此外，还有罗小兵等的《普通高校体育教师职业生涯发展不同阶段组织承诺与离职意愿关系研究》[⑤]，毕重增、黄希庭的《中学教师成就动机、离职意向与倦怠的关系》[⑥]，姚向颖、施文敏的《关于福建省高校体育教师职业倦怠调查研究》[⑦]，郑崴、杨双燕的《江苏省高校体育教师工作满意度调查与对策分析》[⑧]。

2.高校体育教师心理契约其他相关研究

关于高校体育教师心理契约，本质和深入的研究较为缺乏。在心理契约量表制作方面，韩明等在《高校教师心理契约问卷的编制》一文中提出了三维度结构模型，且教师责任和学校责任两方面均分为交易责任、发展责任和关系责任。[⑨] 邹循豪、陈俊钦探讨了高校体育教师心理契约量表的编制与信效度检验，

---

① 参见周玉红、周学荣:《南京市高校体育教师个体特征对其工作满意度影响的实证研究》,《西安体育学院学报》2006年第6期。

② 参见吴冰:《体育教师工作满意度研究现状综述》,《聊城大学学报》(自然科学版) 2008年第3期。

③ 参见邱芬、王斌:《高校体育教师工作满意度及其与组织承诺关系的研究》,《天津体育学院学报》2009年第2期。

④ 参见刘贤辉、祝榕:《福建省高校体育教师工作满意度调查》,《闽江学院学报》2007年第5期。

⑤ 参见罗小兵、王斌、鲁长芬:《普通高校体育教师职业生涯发展不同阶段组织承诺与离职意愿关系研究》,《北京体育大学学报》2008年第3期。

⑥ 参见毕重增、黄希庭:《中学教师成就动机、离职意向与倦怠的关系》,《心理科学》2005年第1期。

⑦ 参见姚向颖、施文敏:《关于福建省高校体育教师职业倦怠调查研究》,《井冈山医专学报》2006年第4期。

⑧ 参见郑崴、杨双燕:《江苏省高校体育教师工作满意度调查与对策分析》,《南京工业职业技术学院学报》2005年第4期。

⑨ 参见韩明等:《高校教师心理契约问卷的编制》,《心理发展与教育》2010年第3期。

提出高校体育教师心理契约问卷包括两个部分：高校体育教师心理契约学校责任问卷和高校体育教师心理契约教师责任问卷。[①] 其中，高校体育教师心理契约学校责任问卷包括3个维度：经济与环境责任、成长责任和人文责任；高校体育教师心理契约教师责任问卷包括4个维度：课外责任、岗位责任、归属责任和社会责任。陈敏在《高校体育教师心理契约与工作绩效关系研究——以福州市普通高校为例》一文中对心理契约中的学校责任以及岗位责任进行了研究。[②] 当前对高等院校体育教师心理契约的研究主要是从教师单向出发，研究教师与学校的心理契约关系，而对于高校体育教师与学生的心理契约的关系，目前尚未涉及。

综上所述，虽然目前已有众多学者研究高校教师心理契约，但关于体育教师心理契约的专门研究还几乎是个空白。笔者通过众多途径查阅，包括纸质版的专著和电子版的文献，都没能找到深入研究高校体育教师和学生心理契约的理论，更没有相对完整、系统的从教师和学生双向的角度研究“双向心理契约”的理论。因此，本书的研究势在必行。

三、教师与学生心理契约的相关研究概况

关于教师与学生心理契约的研究，从国外看，研究文献多且内容丰富，大多研究的起点是师生关系。研究方向涉及充分课堂互动中师生关系对学生学习的影响和教师公民行为对学生学业以及校园生活质量的正相关的影响等。但是对师生关系从心理契约角度来探讨的研究相对较少。[③] 从国内看，在2006～2015年的10年时间里，相关理论研究大多集中在对师生心理契约的结构内容、概念界定和构建以及违背等方面，无论是实践成果还是理论成果，都较为丰富。[④] 这为笔者的研究提供了基础。

师生心理契约的基础是师生双方相互间的期望以及对自己的期望，并通过一种隐性的沟通方式来协调双方的期待，最终达成一致。而缔结师生心理契约

---

① 参见邹循豪、陈俊钦：《高校体育教师心理契约量表的编制与信效度检验》，《武汉体育学院学报》2011年第4期。

② 参见陈敏：《高校体育教师心理契约与工作绩效关系研究——以福州市普通高校为例》，《唐山师范学院学报》2014年第2期。

③ 参见曹威麟、杨光旭：《高校教师履行心理契约责任对学生学习行为影响的研究》，《黑龙江高教研究》2008年第8期。

④ 参见曾祥发、王学成：《谈医学生大学英语学习中师生心理契约关系的研究》，《中国医学伦理学》2008年第5期。

需要以期望为前置条件，在实践教学过程中，教师的期望能通过皮革马利翁效应来激励学生进行积极有效的学习，从而达到教学目的。[①] 在以往的研究中，我们发现，教师的契约期望对学生有着非常强烈的激励作用，这种契约期望是指师生达成心理契约的那部分内容，这种期望的激励效果远比学生抵触的单方面期望高，而且契约期望越高，激励效果越明显。[②]

教师的这种期望产生激励的过程和激励后的影响都值得研究，而学者们也对此进行了很多研究，得出的结论是在这种心理契约履行中，教师处于绝对的主导地位。[③] 高质量的主动履约行为能够激励学生建立并履行高质量的心理契约责任，反之则相反。通过深入的实证研究，我们得出结论，教师履约的正效应体现在两个方面：一个方面是教师高效履行能对学生产生积极影响，同时还能够提高教学质量；另一个方面则是对学生品行的影响，道德高尚的教师、爱岗敬业的教师能对学生人格的形成产生正影响。[④] 而学生的学习行为主要涉及学生科学智能的自我培养和学生社会智能的自我培养，研究发现，师生心理契约中教师对提高教学技能责任的履行情况和教师的敬业品格修养责任的履行情况对学生科学智能的自我培养都有显著影响。[⑤]

四、师生关系研究存在的主要问题

1. 重视教师，忽略学生

教师中心论是教师与学生关系研究中存在问题的一个表现形式。在竞技体育领域，学生应该是与教师地位平等的另一个主体。不管教师能发挥何种重要作用，在学生成长中只是外因，仅有依靠学生自身的观察、思考、判断、筛选、吸收与运用，教师给学生的练习、影响和启发才能转变为学生自觉的学习行为，从而得到较好的训练成果和比赛成绩。然而，在师生关系研究中，并没有特别突出学生的主体地位。在构建师生关系过程中，一个不可或缺的要素就是双方互动的研究。从现有成果来看，大多研究是从教师的角度思考问题，教师的角

---

① 参见牛彩虹、曹威麟：《教师履行心理契约对学生课堂学习行为的影响研究——基于实证研究成果的一项教学实验》，《中国高等教育评估》2010 年第 1 期。

② 参见诸葛相丽：《高校师生心理契约学生性别差异及其履行程度研究》，中国科学技术大学硕士学位论文，2010 年。

③ 参见黄琰：《基于师生心理契约的学生满意度研究》，中国科学技术大学硕士学位论文，2011 年。

④ 参见邬强：《基于心理契约理论的高校学生社团管理研究》，《教育评论》2015 年第 2 期。

⑤ 参见杨光旭：《高校师生心理契约与教师履约效应研究》，中国科学技术大学硕士学位论文，2009 年。

色、施教行为、管理方式成为研究的主要对象;相反,从学生角度开展的研究却甚为鲜见。[①]

2. 静态研究多,动态研究少

师生间的关系较为特别,形成这种关系并维持、优化和演变等都是一系列的动态变换、发展的过程,但是我们目前的研究结论中很少体现这种动态的演变过程,且在研究之初,就有一定的残缺。一些比较成熟的理论大多是静态研究,该研究方式难以把握师生关系动态发展的面貌,更无法反映师生关系形成、发展和演变的情况。[②]

3. 定量研究多,质性研究少

师生关系所研究的是人及其实践行为。从哲学的视角来看,人是一切社会关系的总和。由此,想要充分研究师生关系,就不能脱离一定的社会背景,而脱离具体实践则会更加危险。[③] 在面对纷乱的社会现象时,如果单一使用自然科学的方法进行研究,可能会使得结果不反映实质内容而变成一场“数字游戏”,而质性研究则具备深层推究社会现象、对寓意进行解释、探索整体和深层社会文化思想的作用。根据目前的研究现状分析,师生关系研究呈现定量研究较多而质性研究不足的问题。甚至某些研究只是单一地把目光投向教师的指导所带来的影响,而真正从社会大背景出发,综合运用定量与定性的方法对师生关系进行研究的成果尚显不足。[④]

通过以上对心理契约理论、教师与学生心理契约和教师与学生关系研究的梳理,针对现有研究中存在的弊端,笔者希望以中国特有的体育管理体制和运行机制为背景,采用定量和定性研究相结合的方式,从双向角度考查学生和教师心理契约的现状,分析他们对各自心理契约履行情况的评价,并探讨心理契约的履行对关系现状的作用机制,最终提出改善教师与学生心理契约关系的针对性对策。结合心理学、组织行为学、管理学和社会学等各个领域的知识,对教师与学生之间的人际关系进行多角度的研究。

---

① 参见张菁:《不同高校师生心理契约内容及其承诺度的研究》,中国科学技术大学硕士学位论文,2009年。

② 参见诸葛相丽:《高校师生心理契约学生性别差异及其履行程度研究》,中国科学技术大学硕士学位论文,2010年。

③ 参见兰勇、唐玉凤:《师生心理契约及其教学论意义》,《高等农业教育》2009年第2期。

④ 参见张广萍:《师生心理契约在护理学基础教学中初探》,《考试》(教研版) 2012年第3期。

第三节　学习行为及其相关理论研究综述

一、关于学习行为及其理论描述

任何学习都需要一定的方法和形式，而学习行为，就是这些方法和形式。具体表现为习者学习过程中的能力、情感、思想和动机，还有运作程序的展现，是学习的外化和具体化。[①] 为了达到一定的学习目标，学生要进行一系列的学习行为，能否产生这些行为进而持续下去，需要一定的前提条件，就是判断学习目标是否有价值，预估学习结果能否达到预期目标等。[②]

早在 2005 年，就有学者研究学习行为，界定其概念，认为其不仅包括显性的学习行为，还包括隐性的学习行为，如学习思维、对学习的监控调节以及学习的问题等心理过程。[③] 吴刚将学习行为进行了归类，最终分成 4 类：一是能力学习，它主要以心智为主；二是习惯学习；三是知识、经验和技能的学习；四是道德学习等。[④] 张大均对学习行为进行了更为详细的概念界定，他认为，学习的实质是构建心理结构，当然还包括学习人适应环境的各种活动，还有学习经验，进而改善自身行为等。[⑤] 所以，从这个定义出发，学习行为就是获得经验、技能和知识的一系列活动。

大学生体育学习的影响因素众多，最主要的就是主体体育学习的智力发育、行为方式的选择、动机是否强大、接受能力如何以及是否有人监督，当然还有对其学习行为的评价等外力因素。[⑥]

影响学习的一个非常重要的非智力因素就是学习态度，这个因素的地位也被大多数心理学家所认可。因为学习态度不仅能直接影响一个人学习的效率

---

① 参见马婧等:《基于学习分析的高校师生在线教学群体行为的实证研究》,《电化教育研究》2014 年第 2 期。

② 参见杨红征:《高职学生学习行为现状及其原因分析》,《理论前沿》2014 年第 9 期。

③ 参见王莉萍:《自主学习模式中教师的定位与行为设计》,《佳木斯教育学院学报》2005 年第1 期。

④ 参见吴刚:《工作场所中基于项目行动学习的理论模型研究》,华东师范大学博士学位论文,2013 年。

⑤ 参见张大均:《教育心理学》,人民教育出版社 2005 年版。

⑥ 参见曹威麟、杨光旭:《高校教师履行心理契约责任对学生学习行为影响的研究》,《黑龙江高教研究》2008 年第 8 期。

和最终取得的成果，同时还能调节个体学习的日常行为。[①] 态度包括3种重要的成分：一是意向，二是情感，三是认知。这是从态度结构理论得来的结论。如果学生对某种学习有着强烈的学习愿望，同时还能在学习过程中感受到愉悦，他就会产生极为积极的学习行为，从而也会有很好的学习态度。专家学者通过结合计划行为和合理行动两种理论，构建了关于态度与行为的九因素模型，这个模型就是锻炼态度量表，这个表已成为标准化测量学习态度的工具，当然也是对该领域研究的重要贡献。

二、与学习行为理论相关的变量分析

通过研究，我们发现，有很多因素影响体育学习行为。[②] 这些因素不仅包括体育学习行为方式的选择、接受能力、行为监督、行为主体发育和知识学习消化吸收情况，还包括体育锻炼的强度，外在的对体育学习的评价和监督，以及影响体育学习行为的外部文化、物质环境，最重要的还有学习体育的方法、态度，计划和实施过程中行为的调控等。[③] 通过研究我们还发现，大学知识课程的学习也深受体育学习的影响。学生良好的体育学习习惯、体育运动习惯和良好的锻炼态度，通常能正面影响其文化课程的学习，也能保障正常的教学课程，同时还能提高学生参与体育锻炼的积极性，进而提高其整体身体素质，保障其知识课程的学习。

三、关于学生心理契约与学习行为分析

系统研究师生心理契约需要从学生学习的动机和行为开始分析，从而揭示学习行为和心理契约的关系，进而挖掘其对学习行为影响的规律，帮助学生和教师更好地完成教学任务。[④]

强烈的学习动机，能引导学生朝着学习目标努力迈进，这个动机是一种助

---

① 参见赵勇：《论学习行为与效果——中国高校英语专业学生学习行为的一次调查》，《外语教学与研究》1991年第2期。

② 参见郭李亮：《关于广西师大体育教育专业学生学习行为与择业倾向的研究》，《体育科技》2003年第3期。

③ 参见冀芳：《不同课程形态的课堂教学中学生学习行为现状的个案研究》，东北师范大学硕士学位论文，2007年

④ 参见曹威麟、段晓群、郭江平：《心理契约对高校学生学习行为的影响机制研究》，《现代大学教育》2007年第4期。

推力，是学生持续学习的内在动力，有很强的调节、引导和推动作用。[①] 但这个动机不会无端产生，需要学生内在的需求来推动，教师在学习过程中也可以激发学生的这种需求，从而让学生能够主动学习。因此，研究学生的需求是基础，也是进一步研究其学习行为和动机，以及学习规律的出发点和前提。

从心理学角度分析，人的需要的分类依据有很多。但为了能更好地研究学生学习的动机，我们要将需要分成外在和内在两个方面。[②] 这里的外在并非指学习主体的外在，而是指学习活动本身这一需要客体的外在。例如，学习好了会得到同学的尊重、教师的表扬或者是一些荣誉称号之类的外在刺激，这些外在性的需要是建立在学习以外的各种刺激的基础上的，主体学生能满足于这些外在的刺激。内在也是一个道理，它并非学习主体的内在，而是学习活动本身的内在。这种内在的满足是在学习活动过程中体会到的愉悦和获得成果后的满足，这种满足，是外在的刺激所无法带来的。[③]

对应于这种学习活动的内外性，学习动机也分内源和外源。[④] 二者相互联系，却又相互独立。内源性动机是学生从学习活动本身获得的满足感，是一种内在的需要。例如，在网游这种现代化娱乐方式中，大、中、小"学生"们的学习动机大都是内源性动机。[⑤] 学习网游的过程能让学习者获得极大的成就感，即便是面对家长的斥责和教师的批评，大多"学者"也都愿意接受挑战，从而沉迷其中。如果我们能找到高校学生专业知识学习的内源性动机，必将在很大程度上提高学生学习的积极性，激发其学习探索的兴趣，从而更好地掌握这门专业课的知识。[⑥] 如果一个同学能主动多问几个为什么，那么其学习动机就可能是内源性动机。因为他想从学习过程中获得内在满足，想探求未知的世界，想挑战充满荆棘的世界，想从中获得成就感，其学习劲头相当强劲。[⑦]

---

① 参见曹威麟、杨光旭：《高校教师履行心理契约责任对学生学习行为影响的研究》，《黑龙江高教研究》2008 年第 8 期。

② 参见迟到、史秀云、荣红霞：《关于心理契约对高校学生学习行为影响的研究》，《价值工程》2010 年第 36 期。

③ 参见段晓群：《高校师生心理契约对学生学习行为的影响研究》，中国科学技术大学硕士学位论文，2008 年。

④ 参见李静：《心理契约视角下初中生课堂学习行为问题研究》，西南大学硕士学位论文，2015 年。

⑤ 参见牛彩虹、曹威麟：《教师履行心理契约对学生课堂学习行为的影响研究——基于实证研究成果的一项教学实验》，《中国高等教育评估》2010 年第 1 期。

⑥ 参见黄琰：《基于师生心理契约的学生满意度研究》，中国科学技术大学硕士学位论文，2011 年。

⑦ 参见叶琳琳：《高校学风建设与学生工作心理契约构建》，《南方职业教育学刊》2011 年第 2 期。

但高校专业学习中的实际情况却差强人意，同学们对自己的专业大多不感兴趣，在未形成对本专业浓厚兴趣的早期，大多是在无聊中学习的。[①] 这个时候起推动作用的是外源性动机，是学校的规章制度，因为学生需要修满学分才能拿到学位，因此，大多数同学是基于这种外源性的动机才努力学习本专业的知识的。[②] 不论是为了得到奖学金，还是想成为某一领域专家，或者是想避免处罚、被劝退等，抑或是为了能顺利毕业，这些都是源于外源性的学习动机，因为学生有“诱激物”和外在的学习需求。也正是这些东西形成了外源性动机的激励机制，来敦促学生更努力地学习。如果撤走这些外源性的“诱激物”，那么外源性的学习动机也将随之而去，这个时候即使是已经对本专业产生兴趣的同学，也大多不愿意再继续学习。我们研究这些正是为了能揭示影响学习的因素，找到心理契约理论发挥作用的机制，进而指导高校的教学工作，从而更有效地激励学生进行各种专业知识的学习，更好地调控学习活动。

① 参见迟到、迟艳琴、曹海英:《构建师生心理契约的探究》,《华章》2010 年第 28 期。

② 参见白国祥:《中职校师生心理契约的类型与影响因素研究》,华中师范大学硕士学位论文，2013 年。

第二章　研究方案总体设计

本章主要是对体育教师与学生心理契约的理论构想进行阐述，从而引出本研究的整体方案设计，提出研究目的和假设以及研究方法。

第一节　对体育教师和学生心理契约的理解

Chris Argyris 将心理契约定义为“未书面化的契约”，并将之表达为“雇主和员工之间的相互期待的总和”，这种契约大多变化多端，且没有具体的表象。罗素学派的观点认为：心理契约雇佣双方心中存在对彼此责任与义务的看法，作为契约一员的组织，仅提供了缔结契约的环境背景。Masterson、Conway、Guest 等学者在罗素学派的基础上提出了更为广义的心理契约概念，认为心理契约是雇佣双方对各自责任、义务的相互感知、理解和期待，是双方的。心理契约是雇佣关系中对双方责任等的主观约定和心理期待等感性的认识。相比于文本契约是显性契约，心理契约是隐性契约，对文本契约中的条款具有重要的补充作用。心理契约是组织和员工之间除了文本契约、制度互助和相互贬抑的关系之外，还有感情上的认同关系，如情感契合关系和承诺契合程度等，是对于雇佣双方的相互责任与义务的认知，即双方隐性的义务和责任等。因此，我们将心理契约界定为契约构建的双方在相互交换的特定关系中对双方的义务与责任的相互理解和认识，也就是契约双方通过特定的心理暗示等方法来相互了解、沟通，并对对方的期望相互了解，从而在此基础上形成一种隐性的相互之间的权利和义务关系。

相对于其他专业的教师与学生的心理契约关系，专业体育院校的教师与学生在教与学的过程中更加注重技能的培训，其双方的心理契约更容易形成，同时更加复杂。因此，我们将心理契约的上述内涵纳入体育教师与学生的心理契约研究中，深入探讨体育教学中教师与学生双方之间形成的心理契约，以及体育教师与学生的心理契约履行度对学生的体育学习行为的影响。因此，高校体育教师与学生的双向心理契约应该是指体育学院教师在教学过程中应该履行哪些职责和体育学院教师应该从学生那里获得哪些权利，相对而言学生在学习过程中应该履行哪些义务和从教师那里获得哪些权利。由此可知，心理契约所包含的含义是多层次的而且双方是相互的，具体可以概括为以下两点：

第一，对高校体育教师与学生的心理契约来说，其形成的基本条件是必须要有两个主体：体育教师和学生。如果只有体育教师或者学生一方，则不能构成心理契约。

第二，体育教师与学生之间要形成心理契约，需要双方让自己的期望被对方感知到并得到认同。也就是说，如果体育教师或者学生有一方的期望没有被对方认同，是不能形成心理契约的。

我们根据上述对心理契约的认识，初步构建了体育师生之间心理契约的基本模型（见图 2.1）。

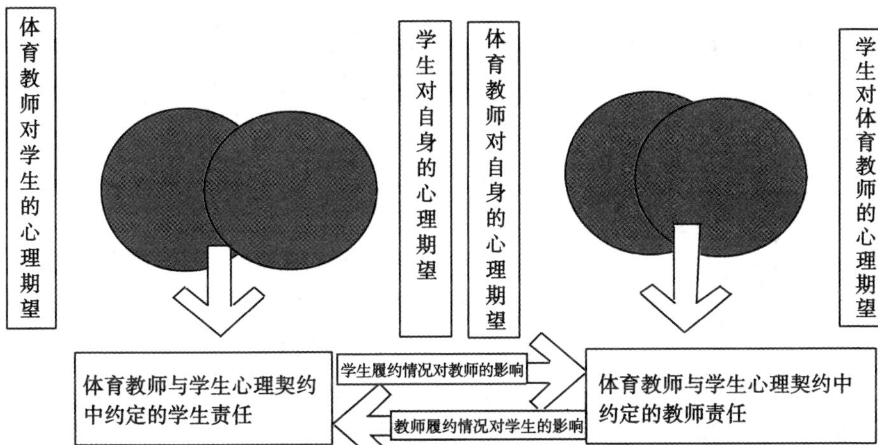

图 2.1　体育教师与学生心理契约内容构成及责任履行模型①

① 参见曹威麟、段晓群、王晓棠：《高校师生双向视角心理契约相互责任的实证研究》，《高教探索》2007 年第 6 期。

第二节 体育教师与学生心理契约研究的理论构想

以前关于心理契约的研究都是在雇主和雇员之间进行的，且依附于文本契约。雇主和雇员之间本身就有文本契约，而教师和学生之间是没有直接的文本契约的，而是在学校这个组织的具体管理和要求下产生的无形的契约关系。学校作为传授知识的场所，师生关系是学校环境中最基本的一种人际关系。教师和学生之间形成良性关系，是确保学校教学水平，提升学生学习效率的重要条件，对学校的生存和发展具有决定性作用。学校作为契约的一方，提供了形成契约的背景和环境。作为提供背景和环境的一方，一方面，学校通过合同与教师缔结文本契约，规定教师的责任和义务，对教师的教学和科研等提出具体的要求，对规范教师的教学行为，以及考核、薪酬管理等进行相关规定。从学校的有关教育管理制度能够在多大程度上影响师生心理契约的关系来看，当下的教师评价机制常常使得教师无法兼顾培养师生关系。教师考评机制中未设置考查师生关系的衡量标准，无法判断教师能否同时实现教书和育人的目标。并且，现有教师评价体系直接与教师的地位和收入挂钩，实用至上的价值引导必然引起部分教师教育教学理念的功利化，从而失去主动与学生交往的动力。另一方面，当今高校强烈的行政色彩也使得教师的主体地位难以被凸显出来，具有专业素质的教师和高水平的教育工作者或忙于科研，或忙于繁杂的行政工作，整个校园缺少人文精神建设。首先，主流的教学模式和课程设计极大地限制了师生的交往空间。比如，某些学校过分看重多媒体教学，使这种形式化的东西在教师考核中占了过高的比重，导致不少教师被迫把更多的精力放在多媒体运用而非对学生的关心上。这与各高校的政策导向有关。其次，当下高校多实行学分制度，这种授课模式的一个弊端就是学生选课分散、上课地点多变，传统教育中的固定班级模式被大大弱化，加上选修学分的方式对学生的自主学习提出了考验，师生间交流的时空跨度增大，不容易实现深入交流。不仅如此，高校处在社会的整体环境之中，国际、国内形势的风云变幻，以及社会价值观的越来越多元化，都会在师生关系中得到体现。在西方价值观念的冲击之下，高校师生对社会现象的理解不断发生改变，师生间影响彼此的方式也有所变化。高等院校要鼓舞教师的工作热情，不得不思考的是教师心理契约的结构和内容，依靠满足教师在获得物质上的满足、享受良好的环境及获得足够上升空间三个方面的各种期望，以提高教师的满意度、组织承诺，从而最终有效地激励教师。

另外，学校要为学生教育提供服务，同时要维护学校正常的教学秩序，引导学生更好地接受学校的教育。学校对学生也有文本契约，如《大学本科学生管理规定》《大学学生毕业管理条例》《大学学生班级管理条例》《大学学生社团管理条例》等，通过这些规章制度对学生的学习行为进行要求和规范。学校委托教师传授知识给学生，在学校的背景下，教师与学生之间就形成了心理契约。

我们通过研究发现，体育教师与学生之间心理契约形成的首要前提是契约双方之间的期望必须被双方了解并认同。只有这种期望被认同并达成之后，才能形成心理契约，才能根据心理契约的关系确认两个主体之间所承担的责任。因此，我们根据上述对心理契约的认识，重新构建了体育师生之间心理契约的基本模型（见图 2.2）。

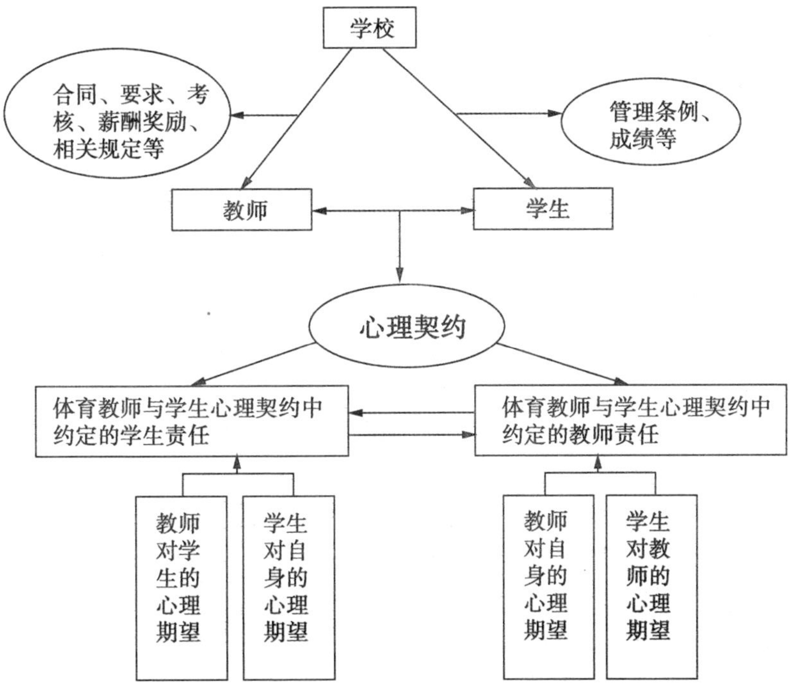

图 2.2　本研究的心理契约责任模型

对体育教师与学生心理契约的内容构成及责任履行模型表征的含义进行阐述，可以概括为以下四方面：

第一，学校为体育教师与学生提供了心理契约责任的形成背景和环境，同时会影响教师和学生心理契约的履行。学校有关教育管理制度、校园的软硬件环境以及师生交流方式和交流渠道等都会影响到教师和学生心理契约的形成。

第二,对体育教师与学生来说,两者之间期望的形成是心理契约形成的基本前提条件。体育教学更加注重的是体育运动技能的学习,因此,体育教师在教学过程中和学生的相处时间更长,更加容易形成一种心理契约。

第三,图 2.1 中左右交叉的部分表示体育教师与学生双方之间形成了心理契约;没有交叉的部分则表示心理契约双方主体各自的期望,说明体育教师与学生之间没有形成心理契约。体育教师与学生之间心理契约能够形成的基础,不仅取决于体育教师与学生双方能否让对方感知到自己的期望,还取决于体育教师与学生双方对对方的期望水平的认知程度。体育教师与学生契约主体对双方未匹配的部分没有认同。只有双方的期望都被了解且认同,而且没有表现出明显的差异时,才能构成双方心理契约的内容。

第四,体育教师与学生作为契约双方,在心理契约达成之后,双方的期望则会成为对方需要承担的义务与责任,从而达到双方心理契约的平衡。

第三节　研究方案设计

体育教师和学生心理契约量表的设计严格遵循心理学测量工具的开发过程,结合高等学校体育教学的实际情况,按照以下步骤进行:文献资料分析→专家访谈→构建维度→项目编写→预测→项目分析→初测→项目分析与修改→量表信、效度检验→形成正式量表,确保研发测量工具的有效性和科学性。

本书主要对体育教师和学生之间心理契约存在的结构维度、结构维度的组成情况,体育院校教师与学生心理契约的结构与普通学校教师与学生心理契约之间的差异进行研究。根据国内外心理契约研究成果和高校师生心理契约的理论分析,提出以下的研究模型和假设。通过梳理已有的理论,结合前人的研究成果,教师与学生心理契约量表主要分两种:一种是教师立场上的教师责任和学生责任;一种是学生立场上的教师责任和学生责任。而每种量表中又都包含两个部分:一个部分是教师责任;一个部分是学生责任。

假设 1:教师与学生之间的心理契约结构是多维的。针对这一假设,通过深度访谈和问卷调查的形式,确定了教学责任、竞赛责任、提升责任、交往责任、品行责任 5 个维度,并通过探索性研究和验证性研究对 5 个维度进行检验。

假设 2:教师立场上的双方责任和学生立场上的双方责任存在多方面的差异;教师和学生之间心理契约的形成是有一定的过程的,只有双方对另一方的期望和自身的期望相互契合时，才有可能形成心理契约。该假设具体包括以下3个方面：教师与学生之间的相互期望都只有部分能与对方的自我期望达成默契而构成心理契约；不同人口学特征的教师与学生之间达成的心理契约在内容上具有一定程度的共性；不同人口学特征教师与学生之间达成的心理契约在内容上存在一定程度的差异。

假设3：体育教师和学生之间心理契约的履行和违约存在多方面的差异。体育教师与学生之间心理契约的履行和违约取决于双方各自所处环境里的各因素，通过筛选、解读有关信息并权衡利弊，最后作出自己感性或者理性的判断，并选择对自己有利的心理契约履行程度。然后通过体育教师与学生双方的内心感知、交流和调整各自对责任的期望，最终形成心理契约达到平衡的程度。在此提出的研究假设包括：在高校体育师生之间的心理契约关系中，主体双方对于心理契约责任的履行情况是具有一定相关性的；男体育教师对体育教师与学生的心理契约的履行程度较高；未婚体育教师对体育教师与学生的心理契约的履行程度较高；职称较高的体育教师对体育教师与学生的心理契约的履行程度较高；技能项目的体育教师对体育教师与学生的心理契约的履行程度较高；个人项目的体育教师对体育教师与学生的心理契约的履行程度较高；教龄较长的体育教师对体育教师与学生的心理契约的履行程度较高；男学生对体育教师与学生的心理契约的履行程度较高；学龄较长的学生对体育教师与学生的心理契约的履行程度较高。

假设4：体育教师和学生心理契约责任、心理契约履行对教师教学行为和学生学习行为具有正向影响，组织环境在其中起中介作用。在此提出的研究假设包括：体育教师和学生心理契约责任的建立对教师教学行为和学生学习行为存在正向影响；体育教师和学生心理契约责任的形成对体育教师和学生心理契约履行具有正向影响；体育教师和学生心理契约履行对教师教学行为和学生学习行为存在正向影响；体育教师和学生心理契约履行在体育教师和学生心理契约责任以及教师教学行为和学生学习行为之间起中介作用；组织环境在体育教师和学生心理契约履行以及教师教学行为和学生学习行为之间起调节作用

基于以上4个方面的假设，本书通过实证研究的形式来分析体育教师与学生心理契约双向缔结模型以及对责任履行程度的影响。因此，被确定的研究对象的心理契约态度和履行情况态度主要是通过问卷调查的形式进行的，其研究对象一部分是高校体育学院的教师，另外一部分是大学生，包括大一、大二、大三和大四4个年级的学生。具体实证的调查问卷主要通过对前人的研究成果

进行梳理、文献检索和专家访谈的方式设计预测量表，然后严格按照管理学和心理学量表的建构步骤，运用分析软件 SPSS 17.0 和 AMOS 17.0 统计软件进行信度和效度统计检验，同时在正式量表形成之后，对相关数据进行进一步统计分析，利用结构方程模型进行探索性与验证性因素分析，在预测量表检验合格的基础上进行正式的问卷调查。

第三章 体育教师和学生心理契约责任与履行情况量表编制

在上一章探讨的体育教师与学生心理契约形成的构想的基础上，本章将进一步分析体育教师和学生的心理契约的形成，并对体育教师和学生的心理契约量表进行设计和编制，然后对问卷进行预测和正式调查，确定了体育教师与学生的心理契约量表，完成体育教师与学生的心理契约模型，选择最优结构模型，从而进一步界定二者心理契约结构模型各部分的范围、含义。

第一节 体育教师与学生心理契约量表的编制

体育教师与学生心理契约量表的编制分为三个部分：

1. 收集国内外心理契约研究中的调查题目，就体育教师与学生心理契约问卷内容对体育教师、学生和专家进行访谈调查。按照研究设计，使用两种不同的问卷分别从心理契约的责任与权利期望进行完善，并且邀请体育教师、学生和专家进行进一步的补充。

2. 在体育教师与学生心理契约问卷调查的编制过程中，首先要对已经做好的初步调查问卷进行研究分析，去除不合理的问题，再进行下一步的测试。

3. 体育教师与学生的调查问卷在复测之后要进行信度和效度检测。也就是要对回收后的问卷进行探索性因素分析。在信度检验中，主要检验分半信度与内部一致性信度。另外，还要进行内容效度检测。

一、访谈对象和访谈内容

由于涉及学生和体育教师两个群体，在调查问卷的设计中，我们分别针对这两个主体进行问卷提纲的设计。在梳理相关理论和研究资料的基础上，对 19

名体育教师、66名学生和5名专家进行非结构化访谈(见表3.1)。期望在问卷编制之前,对体育教师与学生心理契约的具体内容形成初步认识。鉴于当前没有双向心理契约测量量表的范本,本研究结合我国现阶段高等学校体育教师在管理中的实际问题,把体育教师和学生作为两类对象,开发一套能对双向心理契约进行有效测量的问卷量表。非结构化访谈的开展主要围绕以下几个问题:①教师在学生训练方面的责任期望;②教师对自身教学方法的责任期望;③学生对教师教学的责任期望;④学生针对自学训练中的责任自我期望。我们通过对所调查的结果进行分析与整理,得到了问卷调查的最初结果,这一结果可以为后续调查问卷的完善提供基础。

表3.1　　访谈对象表

访谈人员	项目分类	人数	合计
体育教师	田径	5	19
	篮球、足球、排球	6	
	乒乓球、羽毛球、网球	6	
	武术、体操等其他	2	
学生	田径	16	66
	篮球、足球、排球	20	
	乒乓球、羽毛球、网球	20	
	武术、体操等其他	10	
专家	大学体育	2	5
	运动心理	3	

二、初试问卷的形成

1. 体育院校师生心理契约维度分析

体育教师与学生的心理契约关系,不单纯是授课与学习形成的心理契约联系,还包括教师与学生彼此的地位、态度、相处方式、沟通交流等形成的心理契约联系,所以师生形成的心理契约联系是一种基础而又复杂的人际关系。为了确定体育院校师生心理契约维度,对体育教师、学生和专家进行问卷访谈,根据访谈结果,最终确定了体育院校师生心理契约维度包括教学责任、提升责任、竞赛责任、交往责任和品行责任五个维度。下面对这五个维度进行理论分析：

首先，由于教师和学生之间是一种教与学的关系，双方在这一组关系中处于不同的位置，因而双方具有主导和被动的差异。体育院校的教师和学生的心理契约关系，同一般的院校有着本质的区别。体育教师的教学主要是以向学生传授体育运动技能为基础，以参加体育竞赛为重点的教学，需要教师示范、学生亲自训练、教师现场指导等一系列活动，决定了体育教师和学生的互动多是以技能实训活动为主。相对于普通本科院校的教学模式，体育院校更需要教师言传身教。因此，在体育教学过程中，离不开运动训练，运动训练是教学过程的一个部分。因此，体育院校的教师与学生需要相互配合，共同完成体育教学、体育运动项目技能提升，因而教师与学生间存在着合作内容。同时，体育院校师生还肩负着一定的参与比赛的责任。因此，体育院校教师和学生的心理契约关系离不开体育教学、体育教学提升技能以及参与竞赛三个方面。

其次，师生关系与其他社会关系，诸如亲属关系、朋友关系、同学关系、同事关系以及雇佣关系一样，属于基础的人际交往关系，是人与人之间的社会关系。因为师生之间具有沟通交流、合作互动的联系，而这种关系又在某种程度上要求平等民主。而且，体育师生关系要受教学活动制约，这就对双方间的无障碍交流提出了比较高的要求。体育教学还包括大量实训教学内容，这使得体育院校教师与学生之间有更多交流的空间和机会。欲切实提升体育技能实训成绩，强化师生两方的沟通是非常重要的环节。从体育教师的角度来说，在师生交流过程中，必须积极主动，用正确的交流方式，从准确的交流层面，通过足够的交流频率，和学生在学习、生活情感等多个方面进行交流，寻找交流机会。另外，要充分激发体育院校学生与教师交流的主动性，使他们遇到问题时及时向教师寻求帮助，以此最大限度地发挥体育教师作为引领人的职能。因此，体育教师和学生对和谐交往的要求非常高，体育教师与学生的心理对建立师生心理契约的交往责任形成了共同的目标。

最后，学生对教师的品行极度敏感，尤其对所信任的教师。学生对教师非常忠诚，对虚伪、不公及漠然极端戒备。教师对何种行为加以称赞或惩罚，如何公正对待不同学生的需求，重视何种品质，以及如何界定学生彼此之间的义务等，都不可避免地会对学生的道德观念与能力产生影响。因此，教师不但需要具有高深的学问，还需要修炼高尚的品格，规范自身的行为。《中华人民共和国教师法》在教师应当履行的义务中提出，应“对学生进行宪法所确定的基本原则的教育和爱国主义、民族团结的教育，法制教育以及思想品德、文化、科学技术教育，组织、带领学生开展有益的社会活动”“关心、爱护全体学生，尊重学生人格，促进学生在品德、智力、体质等方面全面发展”“制止有害于学生的行为或者其他侵犯学生合法权益的行为，批评和抵制有害于学生健康成长的现象”等。对体育教师和学生来说，双方均对对方的品行提出了一定的要求，在构建体育教师和学生心理契约关系时，要考虑到品行责任。

因此，通过以上分析，笔者认为，体育教师与学生的心理契约主要包括教学责任、竞赛责任、提升责任、交往责任和品行责任五个维度。通过构建体育教师与学生心理契约的五个责任，可使得体育院校中的师生关系成为一种平等互助、相互尊重的，孕育于大量交流机会之中的，包含感恩思想在内的健康愉悦的师生关系，一种影响持久的师生关系。

2. 初试问卷

为了进一步确定体育院校师生心理契约五个维度的问卷问题，本研究对体育教师、学生和专家进行了访谈，访谈结束之后，将访谈得到的结果进行整理，根据教师与学生之间的心理契约关系形成问卷题目，并参看《高校体育教师心理契约问卷》等相关问卷，开始着手编写问卷条目。本研究使用德尔菲方法对问卷的初稿进行筛选和调整。经过对访谈结果的汇总和整理，我们将访谈得到的问题进行分析、汇总和筛选，在导师的建议下，整理和融合了一些相关性较强的条目，也剔除了一些有歧义或相关性不强的条目。按照重要性、适用性和普遍性的原则挑选出条目，最终形成初试问卷。通过上述步骤的完善，定稿后的预试问卷中心期望值的变量从原来的 62 项减少到 36 项。表 3.2 是笔者编写的《体育教师与学生的心理契约调查问卷》的预测问卷初稿，包括教学责任、竞赛责任、提升责任、品行责任和交往责任 5 个维度。

表 3.2 体育教师与学生心理契约问卷题项

编号	维度	教师责任	学生责任
1	教学责任	合格完成课堂教学任务	上课专心听讲、积极思考
2		训练学生完成体育技能学习	训练中能配合教师并摸索出适合自己的训练方法并适时改进
3		指导学生进行课外活动	课后及时复习训练内容
4		严格管理学生的学习纪律	课外有问题就找教师请教
5		灵活运用优秀教材和案例	按质按量独立完成训练任务
6		讲课内容密切联系实际	善于学习借鉴其他项目的训练方法和理念并灵活运用
7	竞赛责任	赛前能与学生沟通交流缓解压力	赛前能与教师沟通交流缓解心理压力
8		赛前能针对不同比赛为学生制定比赛策略	赛前能配合教师共同制定比赛策略
9		赛中能够洞悉对方的技战术	赛中能够很好地执行教师的技战术
10		赛中能适时调整技战术	赛中能顺应形势调整技战术
11		赛后能及时总结经验和教训	赛后能及时总结经验和教训
12		赛后能为学生做好心理调节	赛后能在教师的帮助下做好心理调节

续表

编号	维度	教师责任	学生责任
13	提升责任	注意方法、手段及量和负荷等安排的细节之处，精益求精	对提高自身技术水平的各个细节都给予关注并努力改善
14		对所从事的项目有深刻理解并带领学生不断发展	对所从事的项目有深刻理解并配合教师不断进步
15		努力为学生争取读书深造的机会	努力争取更多的读书深造的机会
16		尽力为学生提供工作平台和资源	为今后的毕业找工作做好更充分的准备
17		经常通过各种途径学习新知识并努力深造	经常通过各种途径学习新知识并努力深造
18		主动发现并捕捉他人未能意识到的机会给学生	主动发现并捕捉他人未能意识到的机会
19	品行责任	具有较强的人格魅力	具有勤奋刻苦的精神
20		为人师表	脚踏实地完成各项训练或比赛任务
21		公正、公平并坚持原则	为人诚信可靠
22	交往责任	尊重并理解学生	尊重并理解教师
23		能与学生进行良好的交流和沟通	能与教师进行良好的交流和沟通
24		必要时为困难的学生提供帮助	必要时为教师提供力所能及的帮助

第二节 预测问卷效度、信度分析

一、预测问卷调查

在保证问卷的科学性和应用性的前提下，用编制好的预测试问卷对北京体育大学、上海体育学院、广州体育学院、武汉体育学院、成都体育学院、山东体育学院、西安体育学院7个体育院校的共236名体育教师和学生预测试，以便于获取数据对问卷进行信度和效度检验。经过分析和对比，从而获得有效问卷198份，有效率为84%。

二、问卷的效度

问卷的效度指的是问卷测量结果的正确性，对研究者来说，也就是他们想要通过问卷得到的概念或者某种特性的程度。一般主要使用因子分析的方法来测量考察量表的结构效度。因子分析是一种主要用来对影响和支配变量的因子以及影响因子本身情况的其他变量进行分析的统计方法。因此，我们在这里选择使用因子分析法对问卷的效度进行检验。

根据本研究的实际情况，笔者将学生的心理契约问卷进行了更加细致的分类。首先，我将学生心理契约问卷分为A1——自我期望问卷和A2——教师对学生的期望问卷两种；然后，再将学生所认为的相应期望实现的程度作为a问卷，将教师所希望学生做到的程度作为b问卷。之后分析其效度。

首先，我们对问卷进行初步检验，以确定是否适合作因子分析。在检测提取公共因子时，选取特征值比1大的。在学生问卷的检测中，首先要对责任期望的24个题项进行KMO检验和球形检验。利用SPSS检验分析发现，问卷的KMO值均大于0.8。而正态分布越好，KMO的数值就越大，即说明这些题项越适合做因子分析。而效度分析过程中各变量的共同度与负荷都要比0.4大。我们在对子问卷进行分析时发现，其中有6个变量不符合要求，因此对这6项进行了删除。具体为：在体育教师责任中的“教学责任”维度上，删除了“灵活运用优秀教材和案例”和“讲课内容密切联系实际”两个问题，这主要考虑到这两个问题与“合格完成课堂教学任务”问题有重复；在“竞赛责任”维度上，删除了“赛前能与学生沟通交流缓解压力”和“赛后能为学生作好心理调节”两个问题，原因是这两个问题的共同度与负荷均小于0.4；在“提升责任”维度上，删除了“对所从事的项目有深刻理解并带领学生不断发展”和“主动发现并捕捉他人未能意识到的机会给学生”两个问题，原因是这两个问题的共同度与负荷均小于0.4。在学生责任中的“教学责任”维度上，删除了“课外有问题就找教师请教”和“按质按量独立完成训练任务”两个问题，原因是这两个问题的共同度与负荷均小于0.4；在“竞赛责任”维度上，删除了“赛前能与体育教师沟通交流缓解心理压力”和“赛后能在教师的帮助下作好心理调节”两个问题，原因是这两个问题的共同度与负荷均小于0.4；在“提升责任”维度上，删除了“对所从事的项目有深刻理解并配合教师不断进步”和“主动发现并捕捉他人未能意识到的机会”

两个问题，删除第一个问题的原因是其共同度与负荷均小于0.4，删除第二个问题是考虑到学生的心理契约应与教师的题项相吻合。之后再参照这一方法对问卷中的学生责任期望与权利期望进行因子分析，分析结果见表3.3、表3.4。

表3.3　　删减后问卷的KMO检验和球形检验结果

参数	A1问卷	a问卷	A2问卷	b问卷
KMO值	0.907	0.826	0.834	0.847
近似卡方值	485.986	438.724	487.924	578.388
自由度	190	190	190	190
显著性	0.000	0.000	0.000	0.000

表3.4　　删减后问卷的因子负荷量、共同度及累计贡献率

变量编号	A1问卷		a问卷		A2问卷		b问卷	
	负荷	共同度	负荷	共同度	负荷	共同度	负荷	共同度
1	0.721	0.893	0.776	0.891	0.581	0.630	0.695	0.881
2	0.887	0.771	0.564	0.910	0.726	0.821	0.788	0.799
3	0.544	0.614	0.845	0.847	0.699	0.788	0.711	0.794
4	0.559	0.820	0.535	0.782	0.838	0.764	0.809	0.858
5	0.670	0.843	0.748	0.833	0.641	0.785	0.686	0.769
6	0.807	0.870	0.745	0.821	0.620	0.665	0.806	0.783
7	0.745	0.843	0.668	0.787	0.698	0.777	0.624	0.789
8	0.803	0.885	0.808	0.855	0.783	0.862	0.743	0.815
9	0.617	0.894	0.694	0.813	0.824	0.798	0.766	0.825
10	0.804	0.809	0.747	0.779	0.603	0.770	0.918	0.857
11	0.766	0.739	0.706	0.695	0.626	0.682	0.672	0.691
12	0.744	0.845	0.851	0.841	0.830	0.812	0.875	0.848
13	0.881	0.923	0.706	0.829	0.760	0.786	0.823	0.788
14	0.671	0.828	0.839	0.868	0.482	0.869	0.812	0.794
15	0.423	0.788	0.466	0.812	0.526	0.724	0.740	0.789

续表

变量编号	A1 问卷		a 问卷		A2 问卷		b 问卷	
	负荷	共同度	负荷	共同度	负荷	共同度	负荷	共同度
16	0.945	0.673	0.648	0.847	0.459	0.872	0.863	0.921
17	0.779	0.768	0.781	0.867	0.598	0.914	0.855	0.909
18	0.812	0.768	0.638	0.856	0.659	0.801	0.795	0.830
累计贡献率/%	80.045		79.522		76.378		78.888	

从表 3.3 中可以发现，删减、调整后的问卷 KMO 值都比 0.8 大，这表明所取的数据与自然状态下的正态分布相似，可以作进一步的因子分析；对问卷进行球形检验后的 F 值为 0，也表明问卷可作因子分析。从表 3.4 中可以发现，所有 18 个题项的变量负荷与共同度的值都比 0.5 大，这表明题项的 18 个变量对子问卷有结构效度，可作为学生心理契约研究的正式量表。

之后，笔者对教师的责任期望问卷展开分析。同学生心理契约问卷的划分，教师责任期望问卷可分为 A3——教师自我期望问卷和 A4——学生对教师的期望问卷两种。对问卷进一步细分，将教师认为期望应当做到的程度作为问卷 c，将学生期望教师做到的程度作为问卷 d。参照学生心理契约问卷的分析方法，对教师的责任期望问卷进行因子分析，结果见表 3.5 和表 3.6。由表可看出，删减后的问卷 18 项题目都有结构效度，能够作为心理契约研究的后续量表。

表 3.5　　删减后问卷的 KMO 检验和球形检验结果

参数	A3 问卷	c 问卷	A4 问卷	d 问卷
KMO 值	0.814	0.833	0.869	0.808
近似卡方值	549.164	308.861	426.820	807.670
自由度	190	78	190	190
显著性	0.000	0.000	0.000	0.000

表 3.6　删减后问卷变量的负荷、共同度和累计贡献率

变量编号	A1 问卷		a 问卷		A2 问卷		b 问卷	
	负荷	共同度	负荷	共同度	负荷	共同度	负荷	共同度
1	0.652	0.938	0.847	0.912	0.785	0.768	0.673	0.789
2	0.856	0.881	0.860	0.831	0.661	0.795	0.850	0.763
3	0.783	0.853	0.802	0.776	0.867	0.897	0.774	0.940
4	0.815	0.909	0.739	0.939	0.568	0.622	0.936	0.894
5	0.741	0.834	0.527	0.852	0.692	0.759	0.888	0.873
6	0.582	0.808	0.603	0.785	0.691	0.941	0.870	0.916
7	0.501	0.905	0.600	0.828	0.580	0.903	0.707	0.787
8	0.484	0.800	0.816	0.751	0.659	0.745	0.900	0.828
9	0.708	0.894	0.690	0.888	0.578	0.649	0.782	0.815
10	0.784	0.923	0.818	0.929	0.696	0.786	0.872	0.845
11	0.606	0.941	0.443	0.840	0.807	0.862	0.520	0.842
12	0.785	0.823	0.466	0.928	0.648	0.790	0.837	0.831
13	0.717	0.893	0.731	0.921	0.666	0.683	0.883	0.905
14	0.722	0.793	0.736	0.816	0.851	0.910	0.923	0.885
15	0.836	0.930	0.630	0.847	0.681	0.688	0.830	0.875
16	0.645	0.935	0.724	0.888	0.780	0.792	0.863	0.788
17	0.712	0.929	0.807	0.877	0.643	0.879	0.854	0.763
18	0.562	0.916	0.877	0.783	0.730	0.866	0.813	0.681
累计贡献率/%	87.112		82.79		78.586		80.022	

三、问卷的信度

信度主要指问卷的可靠性程度，指用同种方法多次测量相同对象所得结果的一致性。在实证研究时，一般采用克隆巴赫系数对信度进行分析，该方法主要反映了在调查问卷当中不同问题之间的相互关系程度。而 α 系数则主要是

对问卷调查表中每个选项之间的得分一致性进行分析。如果一份调查问卷当中有几种相互没有关系的内容，也就是说，在一个问卷中有不同内容的子问卷，这时就需要对不同子问卷之间的内部一致性进行分析，否则会影响问卷整体的一致性。从表 3.7 和表 3.8 中能够发现，量表的总体 α 系数都在 0.8 左右，表明问卷内部的一致性较高。

表 3.7　　有关学生期望的子量表的信度分析

因子 1	因子 2	因子 3	因子 4	因子 5	α 系数
0.825	0.846	0.813	0.759	0.786	0.892

表 3.8　　有关体育教师期望的子量表的信度分析

因子 1	因子 2	因子 3	因子 4	因子 5	α 系数
0.873	0.794	0.851	0.889	0.782	0.863

四、正式量表的确定

通过信度、效度检验分析，最终得到了正式确定的心理契约调查量表，量表中包括了关于学生责任期望的 18 个题项和怎样进行评价，以及关于教师权利与责任期望的 18 个题项和怎样进行评价。最后再对这些题项的表述进行简化和整理，使其更加简单明了。完成修订后的最终问卷题项见表 3.9。

表 3.9　　最终的体育教师与学生心理契约问卷题项

编号	维度	教师责任	学生责任
1	教学责任	合格完成课堂教学任务	上课专心听讲、积极思考
2		训练学生完成体育技能学习	训练中能配合教师并摸索出适合自己的训练方法并适时改进
3		指导学生进行课外活动	课后及时复习训练内容
4		严格管理学生的学习纪律	善于学习借鉴其他项目的训练方法和理念并灵活运用

续表

编号	维度	教师责任	学生责任
5	竞赛责任	赛前能针对不同比赛为学生制定比赛策略	赛前能配合教师共同制定比赛策略
6		赛中能够洞悉对方的技战术	赛中能够很好地执行教师的技战术
7		赛中能适时调整技战术	赛中能顺应形势调整技战术
8		赛后能及时总结经验和教训	赛后能及时总结经验和教训
9	提升责任	注意方法、手段及量和负荷等安排的细节之处，精益求精	对提高自身技术水平的各个细节都给予关注并努力改善
10		努力为学生争取读书深造的机会	努力争取更多的读书深造的机会
11		尽力为学生提供工作平台和资源	为今后的毕业找工作做好更充分的准备
12		经常通过各种途径学习新知识并努力深造	经常通过各种途径学习新知识并努力深造
13	品行责任	具有较强的人格魅力	具有勤奋刻苦的精神
14		为人师表	脚踏实地完成各项训练或比赛任务
15		公正、公平并坚持原则	为人诚信可靠
16	交往责任	尊重并理解学生	尊重并理解教师
17		能与学生进行良好的交流和沟通	能与教师进行良好的交流和沟通
18		必要时为困难的学生提供帮助	必要时为教师提供力所能及的帮助

五、正式问卷调查

将修改好的《体育教师与学生的心理契约调查问卷》发放给北京体育大学、上海体育学院、广州体育学院、武汉体育学院、成都体育学院、山东体育学院、西安体育学院7个体育院校的共160名体育教师和315名学生进行预测试，于2014年6～8月通过快递问卷的形式进行问卷调查。其中，学生的问卷由授课教师帮忙发放，以期通过采集得到的数据对问卷题项进行信度和效度检验。最终，得到教师有效问卷134份，有效率为83.7%；学生问卷266份，有效率为84.4%。在对所有数据随机分组时主要依据的是验证性因素的分析条件，将所有数据中的50%进行探索性因素分析，另外50%作验证性因素分析。

第三节　探索性研究

在进行探索性因素分析时，主要使用主成分分析法对“体育教师心理契约结构”和“学生心理契约结构”进行分析。在抽取因素时，分别抽取2、3、4个因素，使用最大变异法正交旋转，从而得到“体育教师心理契约结构”和“学生心理契约结构”的五因素矩阵。具体分析结果见表3.10和表3.11。

一、学生心理契约结构的探索性因素分析

从表3.10中可以看出，在分析探索性因素过程中得出的学生心理契约责任结构的五因素矩阵中，因素1的因素方差解释量为20.824%，因素2的因素方差解释量为18.263%，因素3的因素方差解释量为14.504%，因素4的因素方差解释量为13.018%，因素5的因素方差解释量为11.834%；5个因素的总方差解释量为78.442%。对学生心理契约责任结构的探索性因素分析的结果无法清晰显示哪一个结构最能代表实际情况，还需要参照另外一半样本进行检验性因素分析才能更加确切地说明何种结构与观测变量有最佳的拟合。

表 3.10　　学生心理契约责任结构五因素矩阵

观察变量	因素结构				
	1	2	3	4	5
1	0.676	0.374	−0.404	0.227	0.374
2	0.638	0.472	−0.132	0.277	0.472
3	0.643	0.465	0.046	0.121	0.465
4	0.689	−0.315	0.149	−0.041	−0.315
5	0.654	−0.172	0.277	−0.402	−0.172
6	0.756	−0.209	−0.076	0.378	−0.209
7	0.689	−0.302	−0.231	−0.109	−0.302
8	0.790	−0.154	−0.401	−0.105	−0.154
9	0.693	−0.109	−0.412	−0.197	−0.109
10	0.784	−0.221	−0.102	−0.241	−0.221
11	0.719	−0.014	−0.235	−0.008	−0.014
12	0.849	−0.021	−0.088	−0.061	−0.021
13	0.802	−0.171	0.109	−0.020	−0.171
14	0.727	−0.225	0.071	0.371	−0.225
15	0.519	−0.053	0.422	0.298	−0.053
16	0.632	0.453	0.194	−0.305	0.453
17	0.725	0.409	0.117	−0.041	0.409
18	0.624	0.483	0.262	−0.251	0.483
因素方差解释量/%	20.824	18.263	14.504	13.018	11.834
总方差解释量/%	78.442				

二、体育教师心理契约结构的探索性因素分析

表 3.11 显示的通过探索性因素分析得出的体育教师心理契约结构的五因素矩阵中，因素 1 的因素方差解释量为 18.225%，因素 2 的因素方差解释量为 16.094%，因素 3 的因素方差解释量为 15.105%，因素 4 的因素方差解释量为

14.571%,因素 5 的因素方差解释量为 13.551%;5 个因素的总方差解释量为 79.546%。对体育教师心理契约结构的探索性因素分析的结果无法清晰显示哪一个结构最能代表实际情况,还必须运用另外一半样本进行验证性因素分析才能更加确切地说明哪一种结构的与观测变量有最佳的拟合。

表 3.11　　体育教师心理契约结构五因素矩阵

观察变量	因素结构				
	1	2	3	4	5
1	0.379	0.200	0.466	0.430	−0.118
2	0.688	−0.348	−0.106	0.148	−0.305
3	0.799	−0.067	−0.210	0.258	0.037
4	0.784	−0.043	0.061	0.175	0.223
5	0.729	−0.118	−0.092	0.313	0.448
6	0.675	−0.305	0.243	−0.294	0.439
7	0.580	0.037	0.448	−0.420	0.661
8	0.745	0.223	0.120	−0.134	0.346
9	0.698	0.448	−0.002	0.227	−0.209
10	0.702	0.439	−0.134	−0.076	0.120
11	0.425	0.661	0.023	−0.006	−0.002
12	0.686	0.346	0.174	−0.307	−0.134
13	0.733	−0.209	0.126	0.054	0.023
14	0.817	−0.057	−0.076	0.169	0.174
15	0.751	0.249	−0.255	0.059	0.126
16	0.735	−0.075	−0.475	−0.235	0.745
17	0.745	−0.165	−0.455	−0.221	0.698
18	0.716	−0.136	0.057	−0.241	0.702
因素方差解释量/%	18.225	16.094	15.105	14.571	13.551
总方差解释量/%	79.546				

第四节　验证性研究

一、结构方程模型的构建步骤

1. 模型的设定

也就是在对模型进行估计之前，需要结合现有的理论框架和较为成熟的研究成果对假设的变量之间的关系进行设定并建立起初始的理论模型。

2. 模型的识别

要确定在设定的模型中每一个未知参数是否能通过观察变量得到唯一求解，就需要保证自由参数的量比观测变量的方差和协方差小。

3. 模型的估计

这里使用最大似然法和最小二乘法对模型进行估计。

4. 模型的评价

在取得足够多的参数估测数值之后，对模型与数据之间的拟合可能性进行评估，同时与其他的替代模型拟合指标进行对比分析。

一般来说，评价一个模型的指标较多，主要的评价指标有拟合优度指数、比较拟合指数、规范拟合指数，当这三个指数的值都比 0.9 大时，表明模型的拟合度较好。另外，近似误差的均方根值、卡方和自由度的比值同样是比较重要的参照指标。当近似误差的均方根值小于 0.05，而且它的置信区间最大数值低于 0.08 时，表明模型的拟合程度比较高；当卡方与自由度的比值比 2 小时，也表明模型的拟合度较好。

5. 模型的修正

当模型的拟合数据不好时就要进一步修正模型。

本书采用 AMOS 17.0 软件进行因子分析。使用这一软件进行分析，可以判断测量模型的优劣性，可以确定因果模型的质量和好坏，还能够对多样本模型的相似性进行比较。在这里最重要的是对测量模型的优劣性进行分析和比较，同时验证测量问卷的结构。

二、学生心理契约结构的检验

根据前文中对“学生心理契约结构”的假设和探索性分析的结果，对心理契约结构的维度模型进行分析。参照 Wright(1934)的建议，使用路径图的方式对理论模型进行描述。具体的图示如图 3.1 所示。

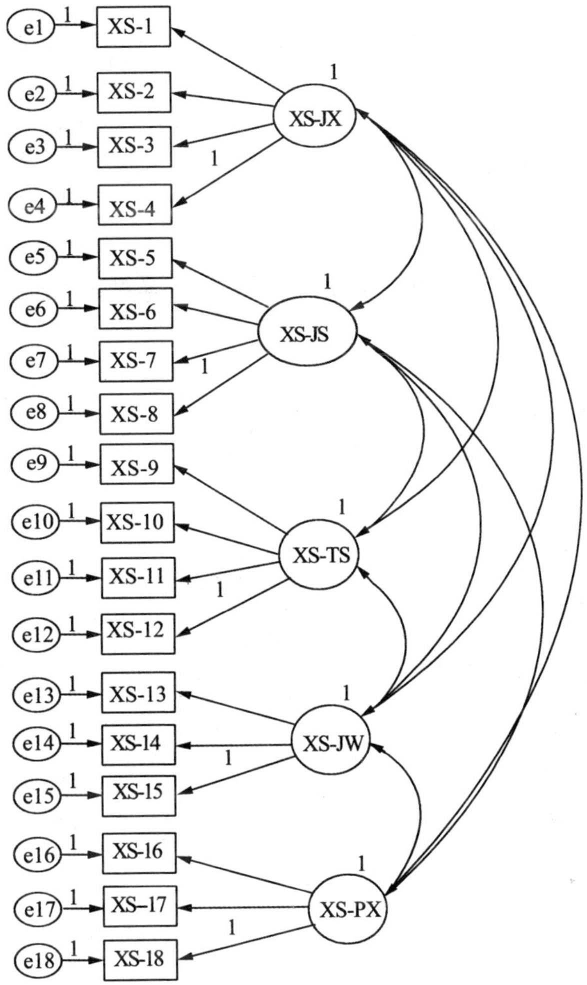

图 3.1　学生心理契约五维结构的理论模型

图中：XS-XL 表示学生的教学责任；XS-JS 表示学生的竞赛责任；XS-TS 表示学生的提升责任；XS-JW 表示学生的交往责任；XS-PX 表示学生的品行责任。

根据探索性分析的结果，以学生的心理契约问卷构建结构的方程模型，同时进行验证性分析，得到的拟合优度指数 GFI、调整拟合优度指数 AGFI 和比较拟合指数 CFI 的值分别是 0.913、0.923 和 0.914，三者均大于 0.9。RMSEA 的值为 0.035，小于 0.05 的临界水平，位于其 90%的置信区间内。χ^2/df 的值为 1.786，小于 2，而且拟合优度的卡方检验值 $P=0.083>0.05$，表明观测数据与理论模型之间不存在显著差异。具体见表 3.12。由分析出的参数值可看出，构建出的模型可以接受。

表 3.12　　学生的心理契约结构验证性因素分析的拟合指数

参数	χ^2	df	χ^2/df	P	GFI	AGFI	CFI	RMSEA
参数值	285.711	160	1.786	0.083	0.913	0.923	0.924	0.035

最后得到的学生心理契约责任问卷的结构方程模型路径图如图 3.2 所示。

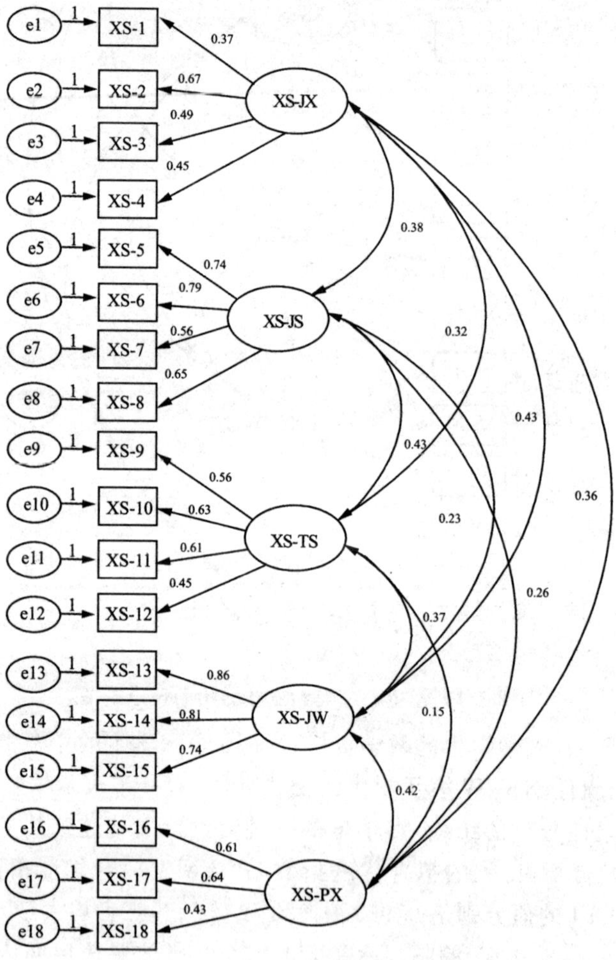

图 3.2　学生心理契约责任结构模型

三、体育教师心理契约结构的检验

体育教师心理契约的五维结构假设模型如图 3.3 所示。

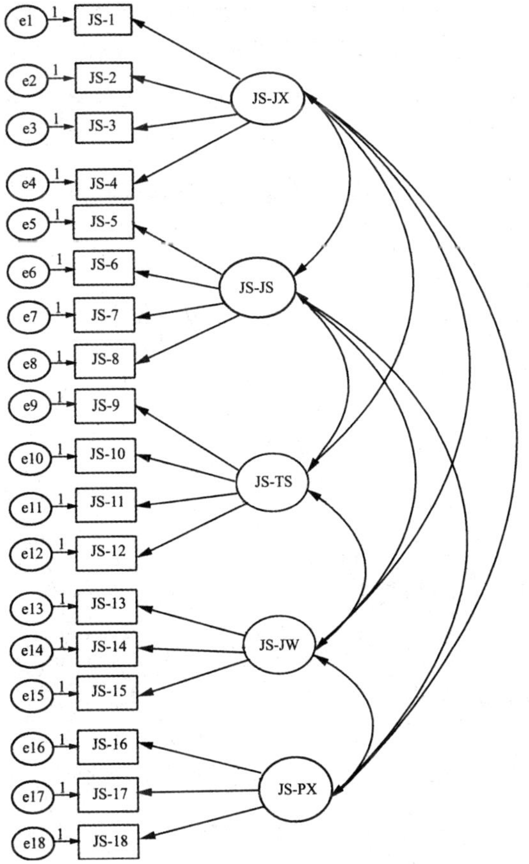

图 3.3 体育教师心理契约五维结构的理论模型

根据探索性分析的结果，以体育教师的心理契约问卷构建结构的方程模型，同时进行验证性分析，得到的拟合优度指数 GFI、调整拟合优度指数 AGFI 和比较拟合指数 CFI 的值分别是 0.949、0.956 和 0.937，三者均大于 0.9。RMSEA 的值为 0.012，小于 0.05 的临界水平，位于其 90% 的置信区间内。χ^2/df的值为 1.909，小于 2，而且拟合优度的卡方检验值 $P=0.098>0.05$，表明观测数据与理论模型之间不存在显著差异。具体见表 3.13。由分析出的参数值可看出，构建出的模型可以接受。

表 3.13　　体育教师心理契约结构验证性因素分析的拟合指数

参数	χ^2	df	χ^2/df	P	GFI	AGFI	CFI	RMSEA
参数值	238.574	125	1.909	0.098	0.949	0.956	0.937	0.012

最后所构建出的方程模型的路径图如图 3.4 所示。

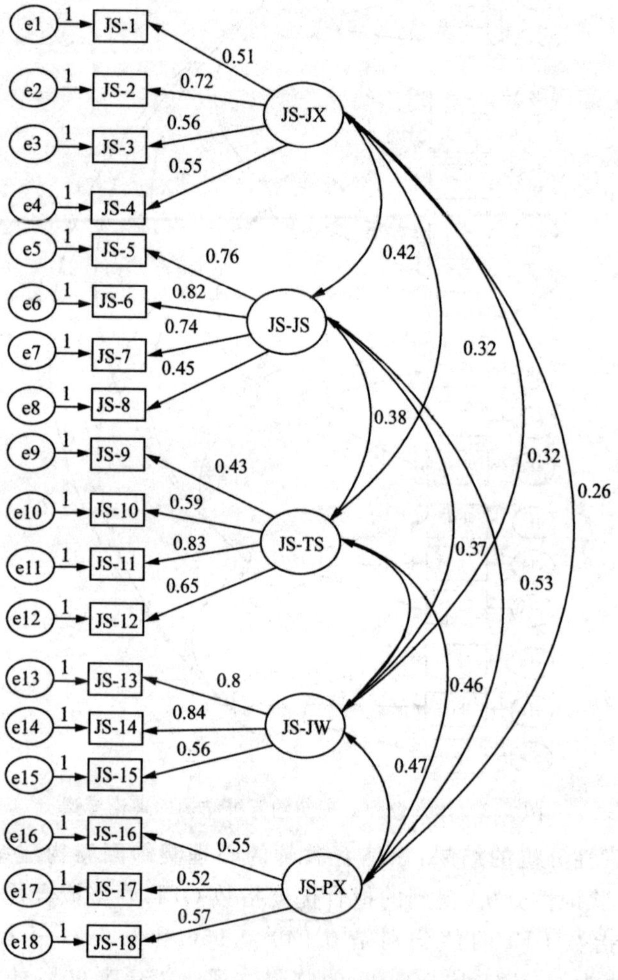

图 3.4　体育教师心理契约责任结构模型

本章通过文献查询、访谈和问卷设计等方法，在广泛调研的基础上，认真总结并汲取了以往学者对心理契约研究的各项成果，利用探索性和验证性研究编制和分析了体育教师与学生的心理契约量表。该量表包括基于体育教师和学生的双向心理契约履行情况的问卷，包括教学责任、竞赛责任、提升责任、品行责任和交往责任 5 个维度。其中，关于学生的责任期望为 18 个题项及相应的评价，关于教师的责任期望和权利期望也为 18 个题项及相应的评价。该量表在一定程度上解决了过去对双向观心理契约非唯一性而导致无法进行实证研究的难题，打破了以往一直以单项视角作实证分析的局面，有利于研究体育教师与学生的心理契约情况。

第四章　体育教师和学生心理契约的契约水平调查结果与分析

在体育教师和学生心理契约的维度和量表的基础上，本章进一步探讨当前我国体育院校体育教师和学生心理契约履行程度，以及不同体育教师和学生心理契约的差异性。

第一节　总体情况描述

一、研究目的

在对体育教师和学生心理契约研究的基础上，研究不同人口学特征下体育教师和学生心理契约之间的不同，以期引起体育教师对教师与学生心理契约问题的重视，并以此为基础给予体育管理者一定的动力，让教学管理沿着教师与学生心理契约的方向发展，让教师与学生之间由单纯的相互期望向心理契约的方向发展；同时，通过建立心理契约来弥补传统文本契约实现的教学管理，为后续更加深入的研究打下基础。

二、研究假设

笔者认为，体育教师与学生两者之间存在的相互期望是体育教师和学生心理契约构建的基本前提，但是并非所有的期望出现之后都可以转化成心理契约。体育教师和学生之间心理契约的形成是有一定的过程的，只有双方对另一方的期望和自身的期望相互契合时才有可能形成心理契约。这一理论是否具有普通意义，需要我们进行更深入的研究。鉴于此，本书提出的第一个验证假设为：

假设 1:体育教师与学生之间的相互期望都只有部分与对方的自我期望达成默契而构成心理契约。

不同体育教师因为教学风格、年龄、性别、职称等的不同,对学生的态度也会不同,所以对不同类型的体育教师和学生之间的心理契约来说,在内容的构成上既有相同部分也有所差别。另外,体育教师和学生在教学过程中还会因为培养目标以及文化深度等方面的不同而有所差异,所以即使体育教师与学生心理契约的内容存在相同的部分,体育教师与学生之间在责任和承诺的程度上也会有所不同。所以,本研究将对以下假设进行检验:

假设 2:不同人口学特征的体育教师与学生在心理契约内容上具有一定程度的共性。

假设 3:不同人口学特征的体育教师与学生在心理契约内容上也存在一定的差异。

三、研究对象选取

用编制好的预测试问卷对北京体育大学、上海体育学院、广州体育学院、武汉体育学院、成都体育学院、山东体育学院、西安体育学院 7 个体育院校的共 160 名体育教师和 315 名学生进行预测试,于 2014 年 9～11 月通过快递问卷的形式进行问卷调查。其中,学生的问卷由授课教师帮忙发放,以期通过采集得到的数据对问卷题项进行信度和效度检验。最终得到教师有效问卷 134 份,有效率为 83.7%;学生问卷 266 份,有效率为 84.4%。

四、被试基本情况分析

体育教师的基本情况见表 4.1。

表 4.1　体育教师的基本情况($n=134$)

人口特征	类别	人数/人	比例/%
年龄	30 岁以下	13	9.7
	31～40 岁	68	50.7
	41～50 岁	42	31.4
	50 岁以上	11	8.2

续表

人口特征	类别	人数/人	比例/%
性别	男	95	70.9
	女	39	29.1
婚姻	已婚	68	50.7
	未婚	66	49.3
职称	助教	26	19.4
	讲师	40	29.9
	副高	55	41.0
	正高	13	9.7
学历	中专/大专	0	0
	本科	53	39.6
	硕士	73	54.5
	博士	8	5.9
教龄	1～5 年	28	20.9
	6～10 年	39	29.1
	11～15 年	37	27.6
	15 年以上	30	22.4
项目	体能主导类	26	19.4
	技能主导类	40	29.9
	集体项目类	41	30.6
	个人项目类	27	20.1

学生的基本情况见表 4.2。

表 4.2　　　　学生的基本情况($n=266$)

人口特征	类别	人数/人	比例/%
性别	男	134	50.4
	女	132	49.6
年级	一年级	26	9.8
	二年级	80	30.1
	三年级	106	39.8
	四年级	54	20.3
项目	体能主导类	52	19.5
	技能主导类	80	30.1
	集体项目类	80	30.1
	个人项目类	54	20.3

第二节　调查结果分析

体育教师与学生心理契约的契约水平是指体育教师和学生对二者相互责任和义务的认知程度。虽然某一类教师或学生可能会有近似的心理契约内容条款,但是对于每项条款在心理契约中的重要程度认知会有差异。体育教师或学生对相同义务条款认知的重要程度不同,就会导致体育教师间和学生间心理契约的契约水平差异。

一、描述性统计结果

1. 体育教师立场上的教师责任的自我期望与对学生责任期望水平的描述性统计结果见表 4.3。

表 4.3　体育教师责任的自我期望与对学生责任期望水平的描述性统计结果

	维度/题目	样本数	最小值	最大值	均值	标准差
教师自我期望	教学责任自我期望	134	3.75	5.0	4.494403	0.462368
	竞赛责任自我期望	134	4.0	4.5	4.347015	0.203148
	提升责任自我期望	134	3.5	5.0	4.38806	0.472522
	交往责任自我期望	134	4.75	5.0	4.848881	0.122699
	品行责任自我期望	134	4.5	4.75	4.647388	0.12344
	总体自我期望	134	4.15	4.75	4.545149	0.173408
学生对教师的心理期望	对教师教学责任期望	266	4.5	5.0	4.8	0.150396
	对教师竞赛责任期望	266	4.0	5.0	4.675	0.297643
	对教师提升责任期望	266	3.75	4.75	4.5	0.274585
	对教师交往责任期望	266	4.5	5.0	4.775	0.208214
	对教师品行责任期望	266	4.5	5.0	4.8	0.245596
	对教师总体认知期望	266	4.35	4.8	4.71	0.13784

2. 学生立场上的自我期望与对教师责任期望水平的描述性统计结果见表 4.4。

表 4.4　学生责任的自我期望与对教师责任期望水平的描述性统计结果

	维度/题目	样本数	最小值	最大值	均值	标准差
学生自我期望	教学责任自我期望	134	4.25	5.0	4.596429	0.198497
	竞赛责任自我期望	134	4.75	5.0	4.90119	0.122517
	提升责任自我期望	134	3.5	4.25	3.80119	0.188004
	交往责任自我期望	134	4.5	5.0	4.871429	0.169838
	品行责任自我期望	134	4.0	4.5	4.147619	0.22862
	总体自我期望	134	4.4	4.6	4.463571	0.059052

续表

	维度/题目	样本数	最小值	最大值	均值	标准差
教师对学生的心理期望	对学生教学责任期望	266	4.0	5.0	4.481203	0.344258
	对学生竞赛责任期望	266	4.25	5.0	4.629699	0.321555
	对学生提升责任期望	266	3.25	5.0	3.885338	0.543843
	对学生交往责任期望	266	4.75	5.0	4.851504	0.123003
	对学生品行责任期望	266	3.25	3.75	3.546992	0.150942
	对学生总体认知期望	266	4.0	4.65	4.278947	0.232558

二、运用独立样本 t 检验比较

在 SPSS 数据库中，我们把分组变量设定为区分变量（“1”代表学生，“2”代表教师），变量的检验需要根据检验的对象进行相应的调整，并把教师和学生融合后的数据进行独立样本 t 检验。根据 SPSS t 检验输出的统计结果及显著水平，判断体育院校教师和学生对某一期望形成的心理契约是否具有一致性。

对 18 项有关体育教师对学生的期望与学生的自我期望进行 t 检验，结果见表 4.5 至表 4.34。由表 4.5 可知，体育教师对学生责任的期望与学生责任的自我期望没有达到显著差异水平。由表 4.6 可知，学生立场上的体育教师责任期望水平与学生责任期望水平没有达到显著差异水平。由结果可以发现，单从体育教师立场或学生立场出发，二者对双方责任的认知水平没有显著差异，这也印证了社会交换理论是心理契约的理论基础。

表 4.5　体育教师对学生责任的期望与体育教师责任的自我期望 t 检验

变量	方差齐性检验	方差齐性 Sig.	t 值	均值 t 值 Sig.
教学责任	假设方差齐性	7.59E−08	0.321355	0.74811
	假设方差不齐		0.292185	0.770434
竞赛责任	假设方差齐性	2.01E−23	−9.28282	0.085622
	假设方差不齐		−10.7098	0.492122
提升责任	假设方差齐性	0.099875	9.106931	0.174222
	假设方差不齐		9.537829	0.784755

续表

变量	方差齐性检验	方差齐性 Sig.	*t* 值	均值 *t* 值 Sig.
交往责任	假设方差齐性	0.682267	−0.20148	0.840427
	假设方差不齐		−0.20164	0.840348
品行责任	假设方差齐性	0.8117	72.9749	0.754232
	假设方差不齐		77.93366	0.322465
总体认知	假设方差齐性	4.43E−12	11.70894	0.054572
	假设方差不齐		12.87147	0.432878

表 4.6　　学生对体育教师责任的期望与学生责任的自我期望 *t* 检验

变量	方差齐性检验	方差齐性 Sig.	*t* 值	均值 *t* 值 Sig.
教学责任	假设方差齐性	2.14E−06	−11.468	0.684545
	假设方差不齐		−11.6247	0.445554
竞赛责任	假设方差齐性	1.23E−20	10.10773	0.577855
	假设方差不齐		9.754043	0.255688
提升责任	假设方差齐性	0.318377	−29.9334	0.187755
	假设方差不齐		−29.3956	0.925852
交往责任	假设方差齐性	0.00191	5.094698	0.415788
	假设方差不齐		5.043635	0.218722
品行责任	假设方差齐性	3.22E-05	−27.5116	0.212455
	假设方差不齐		−27.4131	0.445623
总体认知	假设方差齐性	3.13E−19	−23.6241	0.437524
	假设方差不齐		−22.8208	0.945763

由表 4.7 可知，体育教师对学生责任的期望与学生责任的自我期望水平有显著差异。由表 4.8 可知，学生对体育教师责任的期望与体育教师责任的自我期望水平比较，具有显著差异。这证明，体育教师与学生之间的相互期望与对方的自我期望具有一致性，可以达成默契而构成心理契约。

表 4.7　学生责任的自我期望与体育教师对学生责任的期望水平 t 检验

变量	方差齐性检验	方差齐性 Sig.	t 值	均值 t 值 Sig.
教学责任	假设方差齐性	0.000	7.555	0.000
	假设方差不齐		7.555	0.000
竞赛责任	假设方差齐性	0.000	−29.850	0.000
	假设方差不齐		−29.850	0.000
提升责任	假设方差齐性	0.000	6.514	0.000
	假设方差不齐		6.514	0.000
交往责任	假设方差齐性	0.001	−14.722	0.000
	假设方差不齐		−14.722	0.000
品行责任	假设方差齐性	0.005	−6.483	0.004
	假设方差不齐		−6.483	0.002
总体认知	假设方差齐性	0.010	6.675	0.000
	假设方差不齐	0.000	7.555	0.000

表 4.8　体育教师责任的自我期望与学生对体育教师责任的期望水平 t 检验

变量	方差齐性检验	方差齐性 Sig.	t 值	均值 t 值 Sig.
教学责任	假设方差齐性	0.393	11.602	0.000
	假设方差不齐		11.602	0.000
竞赛责任	假设方差齐性	0.000	5.051	0.000
	假设方差不齐		5.051	0.000
提升责任	假设方差齐性	0.960	0.000	0.870
	假设方差不齐		0.000	0.960
交往责任	假设方差齐性	0.000	36.483	0.000
	假设方差不齐		36.483	0.000
品行责任	假设方差齐性	0.000	36.911	0.000
	假设方差不齐		36.911	0.000
总体认知	假设方差齐性	0.000	12.186	0.000
	假设方差不齐		12.186	0.000

体育院校师生心理契约构成包括体育教师心理契约和学生心理契约(见图4.1),其中,体育教师心理契约水平为体育教师责任的自我期望水平与学生对体育教师责任的期望;学生责任心理契约水平为学生责任的自我期望与体育教师对学生责任的期望。

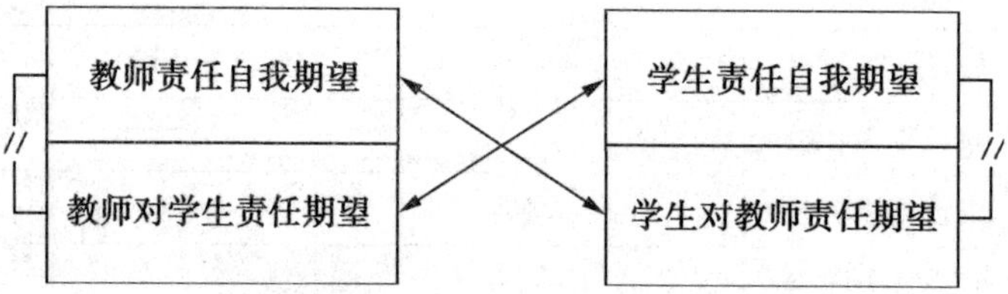

图 4.1　体育院校师生心理契约构成
(//表示不能构成心理契约;双向箭头表示能构成心理契约)

三、不同性别体育教师与学生心理契约差异比较

由表 4.9 可知,男体育教师对学生责任的期望与学生责任的自我期望水平有显著差异。

表 4.9　男体育教师对学生责任的期望与学生责任的自我期望水平 t 检验

变量	方差齐性检验	方差齐性 Sig.	t 值	均值 t 值 Sig.
教学责任	假设方差齐性	0.000	−3.144	0.002
	假设方差不齐		−4.879	0.000
竞赛责任	假设方差齐性	0.000	−2.737	0.007
	假设方差不齐		−2.974	0.004
提升责任	假设方差齐性	0.679	0.200	0.842
	假设方差不齐		0.200	0.842
交往责任	假设方差齐性	0.000	3.511	0.001
	假设方差不齐		4.311	0.000
品行责任	假设方差齐性	0.677	2.334	0.021
	假设方差不齐		2.348	0.021
总体期望	假设方差齐性	0.000	−7.515	0.000
	假设方差不齐		−11.662	0.000

由表 4.10 可知，女体育教师对学生责任的总体期望与学生责任的自我总体期望水平有显著差异。其中，教学责任、竞赛责任、交往责任和品行责任差异显著，而提升责任差异不显著。由此可以发现，男女体育教师与学生心理契约的差异不同。

表 4.10　女体育教师对学生责任的期望与学生责任的自我期望水平 t 检验

变量	方差齐性检验	方差齐性 Sig.	t 值	均值 t 值 Sig.
教学责任	假设方差齐性	0.000	2.652	0.009
	假设方差不齐		3.359	0.001
竞赛责任	假设方差齐性	0.002	−1.812	0.032
	假设方差不齐		−1.759	0.032
提升责任	假设方差齐性	0.584	0.283	0.778
	假设方差不齐		0.282	0.779
交往责任	假设方差齐性	0.006	−0.625	0.533
	假设方差不齐		−0.593	0.554
品行责任	假设方差齐性	0.006	−2.652	0.009
	假设方差不齐		−2.502	0.014
总体期望	假设方差齐性	0.000	4.961	0.000
	假设方差不齐		6.285	0.000

由表 4.11 可知，男学生立场上的体育教师责任期望与体育教师责任的自我期望水平比较，具有显著差异。

表 4.11　男学生立场上的体育教师责任期望与体育教师责任的自我期望水平 t 检验

变量	方差齐性检验	方差齐性 Sig.	t 值	均值 t 值 Sig.
教学责任	假设方差齐性	0.312	0.517	0.006
	假设方差不齐		0.501	0.018
竞赛责任	假设方差齐性	0.670	−3.651	0.000
	假设方差不齐		−3.944	0.000

续表

变量	方差齐性检验	方差齐性 Sig.	t 值	均值 t 值 Sig.
提升责任	假设方差齐性	0.142	−0.826	0.010
	假设方差不齐		−0.811	0.020
交往责任	假设方差齐性	0.000	2.484	0.014
	假设方差不齐		3.146	0.002
品行责任	假设方差齐性	0.000	5.231	0.000
	假设方差不齐		6.474	0.000
总体期望	假设方差齐性	0.000	1.642	0.003
	假设方差不齐		2.124	0.035

由表 4.12 可知，女学生立场上的体育教师责任期望与体育教师责任的自我期望水平比较，具有显著差异。

表 4.12　女学生立场上的体育教师责任期望与体育教师责任的自我期望水平 t 检验

变量	方差齐性检验	方差齐性 Sig.	t 值	均值 t 值 Sig.
教学责任	假设方差齐性	0.000	−3.789	0.000
	假设方差不齐		−3.470	0.001
竞赛责任	假设方差齐性	0.000	5.264	0.000
	假设方差不齐		5.862	0.000
提升责任	假设方差齐性	0.584	0.283	0.018
	假设方差不齐		0.282	0.029
交往责任	假设方差齐性	0.006	−2.707	0.008
	假设方差不齐		−2.571	0.012
品行责任	假设方差齐性	0.682	−2.617	0.010
	假设方差不齐		−2.663	0.009
总体期望	假设方差齐性	0.006	−2.707	0.008
	假设方差不齐		−2.571	0.012

四、婚姻状况不同的体育教师与学生心理契约差异比较

由表 4.13 可知，已婚体育教师立场上的学生责任总体期望与学生责任的自我总体期望水平差异不显著，其中，交往责任、品行责任、提升责任和竞赛责任差异不显著，而教学责任存在显著差异。

表 4.13　已婚体育教师立场上的学生责任期望与学生责任的自我期望水平 t 检验

变量	方差齐性检验	方差齐性 Sig.	t 值	均值 t 值 Sig.
教学责任	假设方差齐性	0.000	−2.077	0.540
	假设方差不齐		−2.077	0.540
竞赛责任	假设方差齐性	0.036	−4.305	0.000
	假设方差不齐		−4.305	0.000
提升责任	假设方差齐性	0.451	−0.378	0.706
	假设方差不齐		−0.378	0.706
交往责任	假设方差齐性	0.596	2.575	0.511
	假设方差不齐		2.575	0.511
品行责任	假设方差齐性	0.137	1.556	0.122
	假设方差不齐		1.556	0.122
总体期望	假设方差齐性	0.507	−1.152	0.251
	假设方差不齐		−1.152	0.251

由表 4.14 可知，未婚体育教师立场上的学生责任总体期望与学生责任的自我总体期望水平有显著差异。

表 4.14　未婚体育教师立场上的学生责任期望与学生责任的自我期望水平 t 检验

变量	方差齐性检验	方差齐性 Sig.	t 值	均值 t 值 Sig.
教学责任	假设方差齐性	0.074	−0.893	0.003
	假设方差不齐		−0.893	0.003
竞赛责任	假设方差齐性	0.796	0.238	0.002
	假设方差不齐		0.238	0.002

续表

变量	方差齐性检验	方差齐性 Sig.	t 值	均值 t 值 Sig.
提升责任	假设方差齐性	0.512	1.352	0.009
	假设方差不齐		1.352	0.029
交往责任	假设方差齐性	0.035	−1.634	0.034
	假设方差不齐		−1.634	0.035
品行责任	假设方差齐性	0.727	−0.200	0.042
	假设方差不齐		−0.200	0.042
总体期望	假设方差齐性	0.035	−1.634	0.024
	假设方差不齐		−1.634	0.025

五、不同职称体育教师与学生心理契约差异比较

由表 4.15 可知，助教职称体育教师立场上的学生责任期望与学生责任的自我期望水平有显著差异。

表 4.15　助教职称体育教师立场上的学生责任期望与学生责任的自我期望水平 t 检验

变量	方差齐性检验	方差齐性 Sig.	t 值	均值 t 值 Sig.
教学责任	假设方差齐性	0.000	2.903	0.004
	假设方差不齐		6.514	0.000
竞赛责任	假设方差齐性	0.000	5.431	0.000
	假设方差不齐		12.186	0.000
提升责任	假设方差齐性	0.000	8.869	0.000
	假设方差不齐		19.900	0.000
交往责任	假设方差齐性	0.000	4.805	0.000
	假设方差不齐		10.780	0.000
品行责任	假设方差齐性	0.000	2.903	0.004
	假设方差不齐		6.514	0.000
总体期望	假设方差齐性	0.000	−6.774	0.000
	假设方差不齐		−15.199	0.000

由表4.16可知，讲师职称体育教师立场上的学生责任总体期望与学生责任的自我总体期望水平有显著差异，其中，教学责任、竞赛责任存在显著差异，而交往责任差异不显著。

表4.16　讲师职称体育教师立场上的学生责任期望与学生责任的自我期望水平 t 检验

变量	方差齐性检验	方差齐性 Sig.	t 值	均值 t 值 Sig.
教学责任	假设方差齐性	0.000	−3.621	0.000
	假设方差不齐		−8.124	0.000
竞赛责任	假设方差齐性	0.000	1.478	0.142
	假设方差不齐		3.317	0.001
提升责任	假设方差齐性	0.142	6.272	0.000
	假设方差不齐		7.516	0.000
交往责任	假设方差齐性	0.806	−2.078	0.040
	假设方差不齐		−2.315	0.028
品行责任	假设方差齐性	0.367	0.824	0.412
	假设方差不齐		0.801	0.430
总体期望	假设方差齐性	0.000	2.903	0.004
	假设方差不齐		6.514	0.000

由表4.17可知，副高职称体育教师立场上的学生责任总体期望与学生责任的自我总体期望水平差异不显著。

表4.17　副高职称体育教师立场上的学生责任期望与学生责任的自我期望水平 t 检验

变量	方差齐性检验	方差齐性 Sig.	t 值	均值 t 值 Sig.
教学责任	假设方差齐性	0.001	16.261	0.560
	假设方差不齐		36.483	0.635
竞赛责任	假设方差齐性	0.000	16.451	0.298
	假设方差不齐		36.911	0.282

续表

变量	方差齐性检验	方差齐性 Sig.	t 值	均值 t 值 Sig.
提升责任	假设方差齐性	0.000	9.916	0.369
	假设方差不齐		4.359	0.785
交往责任	假设方差齐性	0.000	3.558	0.001
	假设方差不齐		6.514	0.000
品行责任	假设方差齐性	0.141	2.617	0.510
	假设方差不齐		2.655	0.511
总体期望	假设方差齐性	0.603	7.211	0.562
	假设方差不齐		8.153	0.698

由表 4.18 可知，正高职称体育教师立场上的学生责任总体期望与学生责任的自我总体期望水平没有达到显著差异水平。

表 4.18 正高职称体育教师立场上的学生责任期望与学生责任的自我期望水平 t 检验

变量	方差齐性检验	方差齐性 Sig.	t 值	均值 t 值 Sig.
教学责任	假设方差齐性	0.000	3.558	0.981
	假设方差不齐		6.514	0.569
竞赛责任	假设方差齐性	0.000	−8.302	0.396
	假设方差不齐		−15.199	0.525
提升责任	假设方差齐性	0.000	−4.438	0.721
	假设方差不齐		−8.124	0.256
交往责任	假设方差齐性	0.603	7.211	0.572
	假设方差不齐		8.153	0.654
品行责任	假设方差齐性	0.000	12.153	0.542
	假设方差不齐		22.249	0.245
总体期望	假设方差齐性	0.603	7.211	0.872
	假设方差不齐		8.153	0.972

六、不同项目体育教师与学生心理契约差异比较

由表 4.19 可知，体能主导类体育教师立场上的学生责任总体期望与学生责任的自我总体期望水平比较，具有显著差异。

表 4.19　体能主导类体育教师立场上的学生责任期望与学生责任的自我期望水平 t 检验

变量	方差齐性检验	方差齐性 Sig.	t 值	均值 t 值 Sig.
教学责任	假设方差齐性	0.000	2.903	0.704
	假设方差不齐		6.514	0.085
竞赛责任	假设方差齐性	0.000	5.431	0.985
	假设方差不齐		12.186	0.542
提升责任	假设方差齐性	0.000	8.869	0.364
	假设方差不齐		19.900	0.521
交往责任	假设方差齐性	0.000	4.805	0.954
	假设方差不齐		10.780	0.085
品行责任	假设方差齐性	0.000	2.903	0.098
	假设方差不齐		6.514	0.069
总体期望	假设方差齐性	0.000	−6.774	0.450
	假设方差不齐		−15.199	0.356

由表 4.20 可知，技能主导类体育教师立场上的学生责任总体期望与学生责任的自我总体期望水平有显著差异，其中，教学责任、竞赛责任达到显著差异水平。

表 4.20　技能主导类体育教师立场上的学生责任期望与学生责任的自我期望水平 t 检验

变量	方差齐性检验	方差齐性 Sig.	t 值	均值 t 值 Sig.
教学责任	假设方差齐性	0.000	−3.621	0.000
	假设方差不齐		−8.124	0.000
竞赛责任	假设方差齐性	0.000	1.478	0.042
	假设方差不齐		3.317	0.001

续表

变量	方差齐性检验	方差齐性 Sig.	t 值	均值 t 值 Sig.
提升责任	假设方差齐性	0.142	6.272	0.000
	假设方差不齐		7.516	0.000
交往责任	假设方差齐性	0.806	−2.078	0.040
	假设方差不齐		−2.315	0.028
品行责任	假设方差齐性	0.367	0.824	0.412
	假设方差不齐		0.801	0.430
总体期望	假设方差齐性	0.001	16.261	0.000
	假设方差不齐		36.483	0.000

由表 4.21 可知,集体项目类体育教师立场上的学生责任总体期望与学生责任的自我总体期望水平有显著差异。

表 4.21　集体项目类体育教师立场上的学生责任期望与学生责任的自我期望水平 t 检验

变量	方差齐性检验	方差齐性 Sig.	t 值	均值 t 值 Sig.
教学责任	假设方差齐性	0.000	9.916	0.000
	假设方差不齐		4.359	0.000
竞赛责任	假设方差齐性	0.000	3.558	0.001
	假设方差不齐		6.514	0.000
提升责任	假设方差齐性	0.141	2.617	0.010
	假设方差不齐		2.655	0.011
交往责任	假设方差齐性	0.603	7.211	0.000
	假设方差不齐		8.153	0.000
品行责任	假设方差齐性	0.001	3.541	0.001
	假设方差不齐		4.685	0.000
总体期望	假设方差齐性	0.000	3.558	0.001
	假设方差不齐		6.514	0.000

由表 4.22 可知，个人项目类体育教师立场上的学生责任总体期望与学生责任的自我总体期望水平没有达到显著差异水平。

表 4.22 个人项目类体育教师立场上的学生责任期望与学生责任的自我期望水平 t 检验

变量	方差齐性检验	方差齐性 Sig.	t 值	均值 t 值 Sig.
教学责任	假设方差齐性	0.000	−8.302	0.000
	假设方差不齐		−15.199	0.000
竞赛责任	假设方差齐性	0.000	−4.438	0.000
	假设方差不齐		−8.124	0.000
提升责任	假设方差齐性	0.603	7.211	0.000
	假设方差不齐		8.153	0.000
交往责任	假设方差齐性	0.000	12.153	0.000
	假设方差不齐		22.249	0.000
品行责任	假设方差齐性	0.603	7.211	0.000
	假设方差不齐		8.153	0.000
总体期望	假设方差齐性	0.141	2.617	0.010
	假设方差不齐		2.655	0.011

由表 4.23 可知，体能主导类学生立场上的体育教师责任总体期望与体育教师责任的自我总体期望水平比较，具有显著差异。

表 4.23 体能主导类学生立场上的体育教师责任期望与体育教师责任的自我期望水平 t 检验

变量	方差齐性检验	方差齐性 Sig.	t 值	均值 t 值 Sig.
教学责任	假设方差齐性	0.000	19.928	0.580
	假设方差不齐		36.483	0.660
竞赛责任	假设方差齐性	0.000	20.162	0.420
	假设方差不齐		36.911	0.680
提升责任	假设方差齐性	0.000	14.033	0.098
	假设方差不齐		7.616	0.078

续表

变量	方差齐性检验	方差齐性 Sig.	t 值	均值 t 值 Sig.
交往责任	假设方差齐性	0.000	−9.928	0.069
	假设方差不齐		−6.245	0.059
品行责任	假设方差齐性	0.219	−5.293	0.542
	假设方差不齐		−5.406	0.245
总体期望	假设方差齐性	0.000	−5.127	0.542
	假设方差不齐		−8.124	0.457

由表 4.24 可知，技能主导类学生立场上的体育教师责任总体期望与体育教师责任的自我总体期望水平比较，没有达到显著差异水平。

表 4.24　技能主导类学生立场上的体育教师责任期望与体育教师责任的自我期望水平 t 检验

变量	方差齐性检验	方差齐性 Sig.	t 值	均值 t 值 Sig.
教学责任	假设方差齐性	0.000	2.093	0.038
	假设方差不齐		3.317	0.001
竞赛责任	假设方差齐性	0.000	4.666	0.000
	假设方差不齐		5.989	0.000
提升责任	假设方差齐性	0.000	−28.661	0.000
	假设方差不齐		−18.028	0.000
交往责任	假设方差齐性	0.000	4.111	0.000
	假设方差不齐		6.514	0.000
品行责任	假设方差齐性	0.219	−11.174	0.000
	假设方差不齐		−11.413	0.000
总体期望	假设方差齐性	0.202	1.077	0.033
	假设方差不齐		1.064	0.041

由表 4.25 可知，集体项目类学生立场上的体育教师责任总体期望与体育教师责任的自我总体期望水平比较，具有显著差异，其中，教学责任、提升责任、

交往责任和品行责任达到显著差异水平。

表 4.25　集体项目类学生立场上的体育教师责任期望与体育教师责任的自我期望水平 t 检验

变量	方差齐性检验	方差齐性 Sig.	t 值	均值 t 值 Sig.
教学责任	假设方差齐性	0.000	3.546	0.141
	假设方差不齐		3.086	0.143
竞赛责任	假设方差齐性	0.013	5.531	0.004
	假设方差不齐		5.037	0.007
提升责任	假设方差齐性	0.000	3.546	0.001
	假设方差不齐		3.086	0.003
交往责任	假设方差齐性	0.000	−1.678	0.096
	假设方差不齐		−1.764	0.082
品行责任	假设方差齐性	0.000	23.024	0.000
	假设方差不齐		36.483	0.000
总体期望	假设方差齐性	0.000	23.294	0.000
	假设方差不齐		36.911	0.000

由表 4.26 可知，个人项目类学生立场上的体育教师责任总体期望与体育教师责任的自我总体期望水平比较，具有显著差异。

表 4.26　个人项目类学生立场上的体育教师责任期望与体育教师责任的自我期望水平 t 检验

变量	方差齐性检验	方差齐性 Sig.	t 值	均值 t 值 Sig.
教学责任	假设方差齐性	0.000	17.196	0.000
	假设方差不齐		10.817	0.000
竞赛责任	假设方差齐性	0.000	−4.786	0.000
	假设方差不齐		−15.199	0.000
提升责任	假设方差齐性	0.000	−2.558	0.012
	假设方差不齐		−8.124	0.000

续表

变量	方差齐性检验	方差齐性 Sig.	t 值	均值 t 值 Sig.
交往责任	假设方差齐性	0.000	−2.558	0.012
	假设方差不齐		−13.266	0.000
品行责任	假设方差齐性	0.000	3.395	0.001
	假设方差不齐		10.780	0.000
总体期望	假设方差齐性	0.000	2.051	0.043
	假设方差不齐		6.514	0.000

七、不同教龄体育教师与学生心理契约差异比较

由表 4.27 可知，1～5 年教龄体育教师立场上的学生责任总体期望与学生责任的自我总体期望水平有显著差异。

表 4.27　1～5 年教龄体育教师立场上的学生责任期望与学生责任的自我期望水平 t 检验

变量	方差齐性检验	方差齐性 Sig.	t 值	均值 t 值 Sig.
教学责任	假设方差齐性	0.000	4.111	0.000
	假设方差不齐		6.514	0.000
竞赛责任	假设方差齐性	0.000	7.690	0.000
	假设方差不齐		12.186	0.000
提升责任	假设方差齐性	0.000	12.558	0.000
	假设方差不齐		19.900	0.000
交往责任	假设方差齐性	0.000	6.803	0.000
	假设方差不齐		10.780	0.000
品行责任	假设方差齐性	0.000	4.111	0.000
	假设方差不齐		6.514	0.000
总体期望	假设方差齐性	0.000	−9.592	0.000
	假设方差不齐		−15.199	0.000

由表 4.28 可知，6～10 年教龄体育教师立场上的学生责任总体期望与学生责任的自我总体期望水平有显著差异。

表 4.28　6～10 年教龄体育教师立场上的学生责任期望与学生责任的自我期望水平 t 检验

变量	方差齐性检验	方差齐性 Sig.	t 值	均值 t 值 Sig.
教学责任	假设方差齐性	0.000	−5.127	0.000
	假设方差不齐		−8.124	0.000
竞赛责任	假设方差齐性	0.089	4.284	0.000
	假设方差不齐		4.897	0.000
提升责任	假设方差齐性	0.000	10.833	0.000
	假设方差不齐		12.925	0.000
交往责任	假设方差齐性	0.794	1.678	0.096
	假设方差不齐		1.559	0.124
品行责任	假设方差齐性	0.000	3.916	0.000
	假设方差不齐		4.116	0.000
总体期望	假设方差齐性	0.000	23.024	0.000
	假设方差不齐		36.483	0.000

由表 4.29 可知，11～15 年教龄体育教师立场上的学生责任总体期望与学生责任的自我总体期望水平比较，没有达到显著差异水平。

表 4.29　11～15 年教龄体育教师立场上的学生责任期望与学生责任的自我期望水平 t 检验

变量	方差齐性检验	方差齐性 Sig.	t 值	均值 t 值 Sig.
教学责任	假设方差齐性	0.001	1.261	0.695
	假设方差不齐		3.483	0.785
竞赛责任	假设方差齐性	0.000	1.451	0.596
	假设方差不齐		3.911	0.495
提升责任	假设方差齐性	0.000	2.916	0.679
	假设方差不齐		2.359	0.793

续表

变量	方差齐性检验	方差齐性 Sig.	t 值	均值 t 值 Sig.
交往责任	假设方差齐性	0.000	1.558	0.426
	假设方差不齐		1.514	0.456
品行责任	假设方差齐性	0.141	1.617	0.529
	假设方差不齐		1.655	0.501
总体期望	假设方差齐性	0.603	1.211	0.498
	假设方差不齐		1.153	0.403

由表 4.30 可知，15 年以上教龄体育教师立场上的学生责任总体期望与学生责任的自我总体期望水平比较，达到了显著差异水平。

表 4.30　15 年以上教龄体育教师立场上的学生责任期望与学生责任的自我期望水平 t 检验

变量	方差齐性检验	方差齐性 Sig.	t 值	均值 t 值 Sig.
教学责任	假设方差齐性	0.000	−1.799	0.263
	假设方差不齐		−1.000	0.098
竞赛责任	假设方差齐性	0.000	1.598	0.065
	假设方差不齐		1.514	0.058
提升责任	假设方差齐性	0.006	−1.739	0.098
	假设方差不齐		−1.263	0.080
交往责任	假设方差齐性	0.960	0.000	0.985
	假设方差不齐		0.000	0.465
品行责任	假设方差齐性	0.000	1.111	0.693
	假设方差不齐		1.643	0.722
总体期望	假设方差齐性	0.032	1.204	0.985
	假设方差不齐		1.783	0.920

由表 4.31 可知，1 年学龄学生立场上的体育教师责任总体期望与体育教师责任的自我总体期望水平比较，具有显著差异。

表 4.31　1 年学龄学生立场上的体育教师责任期望与体育教师责任的自我期望水平 t 检验

变量	方差齐性检验	方差齐性 Sig.	t 值	均值 t 值 Sig.
教学责任	假设方差齐性	0.021	1.044	0.299
	假设方差不齐		3.317	0.001
竞赛责任	假设方差齐性	0.000	4.786	0.000
	假设方差不齐		15.199	0.000
提升责任	假设方差齐性	0.021	1.044	0.299
	假设方差不齐		3.317	0.001
交往责任	假设方差齐性	0.000	4.786	0.000
	假设方差不齐		15.199	0.000
品行责任	假设方差齐性	0.000	2.558	0.012
	假设方差不齐		8.124	0.000
总体期望	假设方差齐性	0.021	1.044	0.299
	假设方差不齐		3.317	0.001

由表 4.32 可知，2 年学龄学生立场上的体育教师责任总体期望与体育教师责任的自我总体期望水平比较，具有显著差异。

表 4.32　2 年学龄学生立场上的体育教师责任期望与体育教师责任的自我期望水平 t 检验

变量	方差齐性检验	方差齐性 Sig.	t 值	均值 t 值 Sig.
教学责任	假设方差齐性	0.021	11.489	0.000
	假设方差不齐		36.483	0.000
竞赛责任	假设方差齐性	0.021	−9.400	0.000
	假设方差不齐		−29.850	0.000
提升责任	假设方差齐性	0.000	−10.234	0.000
	假设方差不齐		−32.496	0.000
交往责任	假设方差齐性	0.000	−10.234	0.000
	假设方差不齐		−32.496	0.000

续表

变量	方差齐性检验	方差齐性 Sig.	t 值	均值 t 值 Sig.
品行责任	假设方差齐性	0.000	3.838	0.000
	假设方差不齐		12.186	0.000
总体期望	假设方差齐性	0.000	2.051	0.043
	假设方差不齐		6.514	0.000

由表 4.33 可知，3 年学龄学生立场上的体育教师责任总体期望与体育教师责任的自我总体期望水平比较，具有显著差异。

表 4.33　3 年学龄学生立场上的体育教师责任期望与体育教师责任的自我期望水平 t 检验

变量	方差齐性检验	方差齐性 Sig.	t 值	均值 t 值 Sig.
教学责任	假设方差齐性	0.000	2.558	0.012
	假设方差不齐		8.124	0.000
竞赛责任	假设方差齐性	0.000	−8.110	0.000
	假设方差不齐		−5.715	0.000
提升责任	假设方差齐性	0.000	−4.967	0.000
	假设方差不齐		−3.500	0.001
交往责任	假设方差齐性	0.000	2.341	0.021
	假设方差不齐		3.317	0.001
品行责任	假设方差齐性	0.000	−5.017	0.000
	假设方差不齐		−4.295	0.000
总体期望	假设方差齐性	0.000	2.341	0.021
	假设方差不齐		3.317	0.001

由表 4.34 可知，4 年学龄学生立场上的体育教师责任总体期望与体育教师责任的自我总体期望水平比较，具有显著差异。

表 4.34　4 年学龄学生立场上的体育教师责任期望与体育教师责任的自我期望水平 t 检验

变量	方差齐性检验	方差齐性 Sig.	t 值	均值 t 值 Sig.
教学责任	假设方差齐性	0.000	10.729	0.000
	假设方差不齐		15.199	0.000
竞赛责任	假设方差齐性	0.000	2.483	0.014
	假设方差不齐		2.651	0.009
提升责任	假设方差齐性	0.000	2.341	0.021
	假设方差不齐		3.317	0.001
交往责任	假设方差齐性	0.001	5.111	0.000
	假设方差不齐		4.643	0.000
品行责任	假设方差齐性	0.000	−21.071	0.000
	假设方差不齐		−29.850	0.000
总体期望	假设方差齐性	0.000	−22.940	0.000
	假设方差不齐		−32.496	0.000

第三节　调查结果讨论

由结果可以发现，单从体育教师立场或学生立场出发，二者对双方责任的期望水平没有显著差异，基本平衡与对等，这也印证了社会交换理论是心理契约的理论基础。体育教师立场上的学生责任期望与学生责任的自我期望水平比较，有显著差异；学生立场上的体育教师责任期望与体育教师责任的自我期望水平比较，有显著差异。因此，在师生心理契约构成方面形成了体育教师责任期望心理契约和学生责任期望心理契约两个方面。从结果中可看出，体育教师责任期望和学生责任期望心理契约水平较高，说明体育教师懂得自己在教学、竞赛、提升、品行和交往中应尽的责任和义务，也希望学生较好地履行自己的责任和义务。

通过对不同人口学特征的高校体育教师与学生心理契约进行比较，得出以下结论：

(1)男女体育教师与学生的心理契约存在差异。体育院校的教学更加适合男性教师，因为一般体育院校的学生都是以男学生为主，男性教师在教学中能够和学生相处更好，能更好地组织教学，把握学生的运动负荷，提高教学效果，也更符合教育学、心理学的一般规律。

(2)男女学生立场上的体育教师责任期望与体育教师责任的自我期望水平均达到了显著差异水平。目前研究也认为，体育院校的教学比较适合男生学习，男生在学习过程中，以及自我发展、未来规划方面要比女生做得好。

(3)已婚体育教师立场上的学生责任总体期望与学生责任的自我总体期望水平差异不显著，其中，交往责任、品行责任、提升责任和竞赛责任差异不显著，而教学责任显示出明显差异；未婚体育教师立场上的学生责任总体期望与学生责任的自我总体期望水平比较，有显著差异。

(4)职称高的体育教师立场上的学生责任期望与学生责任的自我期望水平差异不显著。职称低的体育教师对学生的责任期望与学生责任的自我期望水平有显著性差异。这种差异可能是由学校环境引起的，因为学校是通过职称晋升、工资绩效对教师进行考核定职的，教师随着职称的晋升，相应的科研压力和社会服务压力也会随之升高，导致其无法专注于体育教学任务。

(5)不同项目体育教师与学生的心理契约存在差异。体能主导类师生心理契约不存在差异，技能主导类、集体项目类和个人项目类均存在差异。因为体育项目类的培养方案不同，教师的责任期望也不同。

(6)年龄大的体育教师立场上的学生责任期望与学生责任的自我期望水平差异不显著。学生的心理契约水平在大一、大二、大三、大四之间存在年级差异。这可能与不同年级的学生的关注点有关。大二是大学生进行学习的黄金时期，所以，期望值会相对较高；而大四上学期通常是大学阶段整个课堂教学的最后一个学期，面临着要毕业实习、毕业设计和寻找工作等一系列问题，因此，后面的教学期望值产生了结构上的改变，对现实责任的关注和履行程度明显降低。

心理契约的达成意味着体育教师和学生之间在书面契约、制度的合作和相互抑制的关系以外，还存在着一种感情上的关系。心理契约的形成是一个循环过程，包括建立、调整、实现三个过程，这个过程是反反复复进行的。学校教师和学生会结合自身所处的教学或者学习环境和生活条件等内部和外部条件来确定新的契约，并且逐步完善，从而保证契约的顺利进行。心理契约的循环是决定学生学习行为和教师教学行为的关键因素。因此，学校在招聘教师时，应该考虑教师的性别、职称结构、年龄、婚姻状况等因素，同时根据教师的不同个人特质，将其放到合适的教学岗位上。针对体育院校学生的特点，要加强对学生的思想教育，实施个性化的管理方法。

第五章　体育教师和学生心理契约履行程度的调查结果与分析

上一章我们研究了体育教师和学生之间心理契约的责任期望水平的差异，结果认为，体育教师或学生只有部分与对方的自我期望达成默契，而且这一理论在不同性别、婚姻、职称、项目、年龄和教龄等特征中得到了证实，其结论是普遍适用并可再证的。构建心理契约的前置条件就是主体双方的相互期望，而主体的心理期望包含三个方面的期望源，不同期望源的心理期望和内容也存在差异。就我国普通高校的体育师生之间的心理预期来讲，可以归纳为三个主要的期望源：师生双方社会角色的认知；师生双方对学校文化特性的认知；师生双方对彼此个性倾向的认知。第一个认知——师生双方社会角色的认知，其主要被纳为社会观念领域，非实际的条文规定，主要是在社会传统和时代背景下对其角色的具体要求；第二个认知——师生双方对学校文化特性的认知，主要表现为在某所高校中教师与学生之间的彼此期待和个体期待是基本类似的，一般情况下不会在两个主体双方之间产生或存在差异性；第三个认知——师生双方对彼此个性倾向的认知，主要是在学校教育过程中，师生之间能够认识彼此的个性或特色倾向，从而对其中某个主体产生个性化特色的期待，最终共同达成具有一定差异化的心理约定。

第一节　体育师生心理契约的履行过程与履行行为之间的关系

一、体育师生心理契约履行程度的界定

通常我们对心理契约建构的认知为其主要的影响要素是其中主体能否按照双方契约来履行约定。但是基于主体双方会通过心理约定的某种暗示来达

到某种一致性的约定化流程，也就是说，主体双方可以借助某种形式来暗示彼此作出承诺的过程，故主体双方对契约的期望程度能够彰显其中某主体对于该契约的承诺程度。换句话来讲，如果主体一对某一具体事项的个人期待与主体二对同一事物的某一期待是一致的，同时都强烈认同，这就表示主体一对本项心理契约的责任尽职程度或履行程度会较高。为了让该心理契约的含义能够在实际研究过程中具有可操作性，通常界定为，心理契约的履行程度是主体双方基于某种心理期望所作出的默契承诺，这就是所谓的心理契约的责任，最终主体双方能够在彼此的心理上共同对该契约的期望达成一致。我们根据对心理契约概念的界定，在进行设计量化调查问卷过程中，每个期望值都采用李克特五点等距量表来评估，也就是通常所说的 1 表示完全认同，2 表示基本认同，……，5 表示完全不认同，以此来表现主体对各个契约的期望程度。

二、体育师生心理契约履行程度的研究意义

关于对心理契约履行或实行程度相关问题的研究，起源于体育教师和学生心理契约自身的特色，主要可归纳为如下两个方面：

1. 不同高校的层次化差异

通常，高校被视为人才培养的重要场所，其宗旨是教书育人。不过，每个学校在教学目标、宗旨和定位方面都有各自的特点，直接导致各个高校在办学层次和水平上存在差异。这种差异通常也体现在高校的软件和硬件的区别、地域环境的差别以及高校对于高水平人才的重视、尊重程度等方面。而教师和学生对于同一问题认知的差异也在一定程度上受到高校层次和水平差异化的影响。

2. 契约的动态差异性

契约的动态差异性主要具有以下特点：第一，高校不同年级的学生在同一阶段存在差异。所有的契约包括心理契约都是在“有限理性”的背景下产生的。高校学生在开始学习某门具体的课程前，对该课程教师的教学特色或风格并不了解，对课程所学内容和课程目标也不了解，但是随着该课程教学活动的开展，教师和参与该课程的学生会逐渐培养出默契，双方主体的信息逐渐变得对称，心理契约的履行会逐步增强和提升。然而，这种加强或提升与课程的教学水平、质量有显著的相关性。比如，授课内容，教师的教学方法、水平及效果能否得到学生的认同，直接关系到契约程度的加深情况。如若开展得好，那么将进一步加深教师与学生之间心理契约的认同感，进而进入一个良好的课程教学循环体系。第二，处于不同阶段的同一个体会存在差异。同一个学生个体在其学

习的不同阶段(本科、硕士、博士等)会存在显著的差异,主要体现在个体的学习能力、学历、心理素质、实操能力等方面。同时,学生与教师之间对彼此的期望与个体的自我期望之间也会出现差异。

本书以体育院校为调查样本,主要分析不同层次体育院校师生之间心理契约履行的差异化水平,进而了解是否师生即便已经达成了心理契约的共识,但是由于对某一事物的认同度存在差别,心理契约的履行程度也会有差别,进而为日后继续探究影响心理契约履行的主要影响因素提供必要依据。

三、体育师生心理契约履行流程

主体双方在初步形成某种心理契约后,会基于差异的行为动机以不同的形式履行约定,进而产生不同的效果。而差异履约的结果会造成心理契约的重新组合,或继续寻求新的均衡以建构新一轮的契约关系。具体的心理契约履行过程如图 5.1 所示。

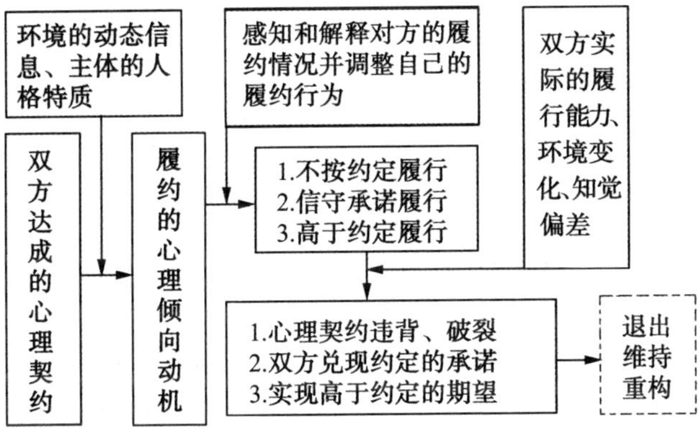

图 5.1　心理契约履行过程[①]

由图 5.1 可知,通常心理契约的履行主要需要具备三个基本要素:履约的动机、履约的行为及其结果、履约过程中可能存在的风险要素等。而关于心理契约的动态履行过程:首先,需要主体双方确定在其契约一致后,会出现什么样的履约动机,这主要受主体双方的个体特点和外部环境的影响;其次,某种履约动机生成后不一定会继续出现与之相对的具体履约行为,主体双方都会根据对

① 参见诸葛相丽:《高校师生心理契约学生性别差异及其履行程度研究》,中国科学技术大学硕士学位论文,2010 年。

方对约定的履行情况来对个体自身的行为进行调整，以确保其投入与回馈是公正、均衡的；最后，通常，某一具体的履约行为会产生不同的履约结果，这不仅是由于主体双方的履约能力受外部环境或个体因素等的影响，还由于主体双方对某一结果的主观判断可能存在认知偏差等。

四、体育师生之间履约行为的关系

一旦体育教师和学生之间建构了某种心理契约，在之后的教学活动过程中，教师明显是处于主导位置，所以通常教师在教学活动过程中对约定的履行程度如何，将会对学生对契约的履行行为产生影响。若高校体育教师在其课堂教学活动中有悖于教师与学生之间的心理契约，譬如，学生认为教师在授课过程中授课的水平不足、授课的知识点没有讲透、授课方式枯燥等，会直接影响学生对于该课程的学习动机。相反，如果教师在教学课堂中气氛生动活泼、相关知识点能够较好地传授给学生、逻辑顺序科学合理等，符合学生的学习心理预期，那么就会加强学生的学习动机，增强学生对该科目的学习兴趣，提升学生与教师之间心理契约的履行程度。

第二节　实验方案

一、研究假设

人的外在行为表现在一定程度上由人的心理倾向和特征决定，因此，体育教师与学生之间心理契约的履行和违约倾向，可能影响到学生的学习行为或者教师的教学行为。而体育教师与学生之间心理契约的履行和违约取决于双方各自所处环境里的各因素，通过筛选、解读有关信息并权衡利弊，最后作出自己感性或者理性的判断，并选择对自己有利的心理契约履行程度。然后通过体育教师与学生双方的内心感知、交流和调整各自对责任的期望，最终形成心理契约达到平衡的状态。关系到体育教师和学生之间心理契约责任履行情况的重要信息，除了会对主体双方心理契约的建构或组合有一定影响，还会对主体双方能否按照约定尽职履行产生重要影响。所以，我们在此提出第一个研究假设：

假设1：在高校体育师生之间的心理契约关系中，主体双方对于心理契约责任的履行情况是具有一定相关性的。

通过上一章的研究我们发现，师生之间达成的心理契约存在许多共同点，但不同特征的体育教师,其与学生达成的心理契约内容也存在一定的差异。如果说体育教师与学生对双方心理契约责任的履行程度是相互影响的,那么,性别、婚姻、职称、项目和教龄等不同的教师也会影响体育教师与学生的心理契约履行程度。不同人口学特征的教师与学生,表现的行为也存在不同,这种不同不仅表现在师生之间缔结的心理契约内容上,还表现在师生心理契约履行责任的差异上。这种差异是许多因素综合作用的结果,如性别、教龄、职称等。在这些因素中,男体育教师是否比女体育教师对心理契约的履行程度高?教龄高的体育教师是否比教龄低的体育教师对心理契约的履行程度高?高职称的体育教师是否比低职称的体育教师对心理契约的履行程度高?等等。这一系列的问题,都需要进行数据分析和统计才能作出科学的回答。由此,本章提出以下几方面的假设:

假设 2:男体育教师对体育教师与学生的心理契约的履行程度较高。

假设 3:未婚体育教师对体育教师与学生的心理契约的履行程度较高。

假设 4:职称较高的体育教师对体育教师与学生的心理契约的履行程度较高。

假设 5:技能项目类的体育教师对体育教师与学生的心理契约的履行程度较高。

假设 6:个人项目类的体育教师对体育教师与学生的心理契约的履行程度较高。

假设 7:教龄较长的体育教师对体育教师与学生的心理契约的履行程度较高。

假设 8:男学生对体育教师与学生的心理契约的履行程度较高。

假设 9:学龄较长的学生对体育教师与学生的心理契约的履行程度较高。

二、问卷调查过程

在上一章体育教师与学生心理契约水平调查问卷设计中,除了设置有体育教师与学生双方相互期望与自我期望的选项(见附录二和附录三),还针对各期望的情况设计了体育教师与学生心理契约责任实际履行情况的问卷(见附录四和附录五)。为了在保证调研工作质量的同时兼顾提高工作效率,我们对同一人群在进行体育教师与学生之间关于心理契约问卷调查过程中,同时还对师生之间的心理契约实际责任的履行作了进一步的数据采集和研究。由此,该文章在以上假设的基础上对前期所采集的数据进行深入研究。

三、计算流程

为了方便对体育教师和学生关于心理契约履行责任的相关情况进行比较，笔者选择了调查问卷中的体育教师和学生双方的数据，并借助统计分析所取得的均值以及其他比较方式进行。

(1)依据调查问卷所获得的不同人口学特征学生的自我期望和体育教师对学生的期望之间的数据平均值，以及体育教师的自我期望与学生对体育教师的期望之间的数据平均值，获得关于不同人口学特征的期望均值。

(2)依据调查问卷获取不同人口学特征学生的自身评价和体育教师对学生的评价数据，以及体育教师的自我评价和学生对体育教师的评价数据，进而获取学生与体育教师责任履行情况的均值。

(3)将以上两个方面的均值作差，其数值能够反映体育教师与学生之间心理契约责任的履行程度。

同时，我们也能够获悉体育教师履行的师生契约的责任和实际所履行的相关责任的差异化水平。

本次测量过程均通过李克特五点等距量表进行评估(1～5 表示完全认同到完全不认同)。也就是说，$\alpha=0$ 表示学生完全履行了心理契约所期望的假设；$\alpha>0$表示学生在某种程度上并没有履行心理契约的期望；$\alpha<0$ 表示学生履行了完全超出师生心理契约的期望。α 越小，履行心理契约的情况就越好；α 越大，履约情况就越差。

第三节　调查结果分析

一、体育教师与学生履行心理契约程度的相关性分析

体育教师与学生之间构成的心理契约关系，是两者之间达成的某种心理约定，是双方之间需要履行的责任。因此，体育教师与学生之间履行相关责任的情况构成了一种互为自变量和因变量的关系。这可以理解为，体育教师和学生中的任何一方履约或者违约的行为发生后，另外一方会根据对方的表现采取一定的取舍行为。因此，体育教师与学生之间的心理契约责任履行应该具有相关性。从表 5.1 中可以看出：教师教学责任与学生教学责任、学生提升责任呈现极显著相关，与学生竞赛责任呈现显著相关；教师竞赛责任与学生竞赛责任、学

生提升责任呈现极显著相关;教师提升责任与学生提升责任呈现极显著相关,与学生交往责任、学生品行责任呈现显著相关;教师交往责任与学生交往责任、学生品行责任呈现极显著相关,与学生教学责任呈现显著相关;教师品行责任与学生品行责任呈现极显著相关,与学生教学责任、学生交往责任呈现显著相关。该结果证实了体育教师与学生之间履行心理契约责任的情况存在相互关联的关系。

表 5.1 体育教师与学生心理契约责任履行的 Pearson 相关系数

	学生教学责任	学生竞赛责任	学生提升责任	学生交往责任	学生品行责任
教师教学责任	0.769**	0.489*	0.612**	0.123	0.221
教师竞赛责任	0.265	0.698**	0.552**	0.023	0.265
教师提升责任	0.125	0.352	0.759**	0.452*	0.472*
教师交往责任	0.452*	0.235	0.025	0.712**	0.628**
教师品行责任	0.422*	0.236	0.256	0.469*	0.792**

注:* $P<0.05$;** $P<0.01$。

二、体育教师和学生心理契约履行总体差异比较

体育教师与学生心理契约责任总体履行情况见表 5.2。由结果发现,体育教师的心理契约责任履行程度高于学生,其中,学生的教学责任、竞赛责任和交往责任履行程度较低。

表 5.2 体育教师与学生心理契约责任履行情况

变量	维度	履行、期望差值	方差齐性检验	方差齐性 Sig.	均值 t 值 Sig.
教师	教学责任	1.111	假设方差齐性	0.000	0.021
学生		0.803	假设方差不齐		0.040

续表

变量	维度	履行、期望差值	方差齐性检验	方差齐性 Sig.	均值 t 值 Sig.
教师	竞赛责任	1.514	假设方差齐性	0.012	0.000
学生		0.780	假设方差不齐		0.000
教师	提升责任	1.694	假设方差齐性	0.021	0.006
学生		1.111	假设方差不齐		0.054
教师	交往责任	1.186	假设方差齐性	0.096	0.011
学生		0.514	假设方差不齐		0.012
教师	品行责任	1.558	假设方差齐性	0.112	0.254
学生		1.592	假设方差不齐		0.242
教师	总体认知	1.413	假设方差齐性	0.507	0.054
学生		0.960	假设方差不齐		0.044

三、不同性别体育教师和学生心理契约履行差异比较

从表5.3中可以看出，除了提升责任外，其他4项责任体育院校男学生心理契约责任履行值均比女生低。

表5.3　体育院校男女学生心理契约责任履行情况

变量	维度	履行、期望差值	方差齐性检验	方差齐性 Sig.	均值 t 值 Sig.
男	教学责任	0.627	假设方差齐性	0.323	0.012
女		0.978	假设方差不齐		0.039
男	竞赛责任	0.524	假设方差齐性	0.433	0.068
女		0.859	假设方差不齐		0.069
男	提升责任	1.284	假设方差齐性	0.051	0.852
女		1.116	假设方差不齐		0.624
男	交往责任	0.897	假设方差齐性	0.4356	0.012
女		1.116	假设方差不齐		0.036

续表

变量	维度	履行、期望差值	方差齐性检验	方差齐性 Sig.	均值 t 值 Sig.
男	品行责任	0.843	假设方差齐性	0.342	0.038
女		1.024	假设方差不齐		0.045
男	总体认知	0.835	假设方差齐性	0.032	0.049
女		1.019	假设方差不齐		0.038

从表 5.4 中可以看出,体育院校男女教师心理契约责任履行情况差别不大。

表 5.4　　体育院校男女教师心理契约责任履行情况

变量	维度	履行、期望差值	方差齐性检验	方差齐性 Sig.	均值 t 值 Sig.
男	教学责任	1.294	假设方差齐性	0.530	0.632
女		1.256	假设方差不齐		0.357
男	竞赛责任	1.611	假设方差齐性	0.453	0.478
女		1.165	假设方差不齐		0.853
男	提升责任	1.628	假设方差齐性	0.742	0.034
女		1.427	假设方差不齐		0.435
男	交往责任	1.245	假设方差齐性	0.365	0.352
女		1.424	假设方差不齐		0.465
男	品行责任	1.532	假设方差齐性	0.472	0.643
女		1.593	假设方差不齐		0.463
男	总体认知	1.462	假设方差齐性	0.482	0.364
女		1.373	假设方差不齐		0.487

四、不同婚姻状况体育教师和学生心理契约履行差异比较

从表 5.5 中可以看出,已婚体育教师心理契约责任履行值低于未婚体育教师,其中,教学责任和竞赛责任差异最大。

表 5.5　　不同婚姻状况体育教师心理契约责任履行情况

变量	维度	履行、期望差值	方差齐性检验	方差齐性 Sig.	均值 t 值 Sig.
已婚	教学责任	1.126	假设方差齐性	0.342	0.018
未婚		1.974	假设方差不齐		0.043
已婚	竞赛责任	1.158	假设方差齐性	0.364	0.000
未婚		1.813	假设方差不齐		0.000
已婚	提升责任	1.161	假设方差齐性	0.764	0.001
未婚		1.677	假设方差不齐		0.003
已婚	交往责任	1.028	假设方差齐性	0.096	0.009
未婚		1.564	假设方差不齐		0.004
已婚	品行责任	1.111	假设方差齐性	0.465	0.018
未婚		1.546	假设方差不齐		0.342
已婚	总体认知	1.117	假设方差齐性	0.843	0.008
未婚		1.715	假设方差不齐		0.004

五、不同职称体育教师和学生心理契约履行差异比较

从表 5.6 中可以看出，体育教师的职称越高，其心理契约责任的履行值越大。其中，助教职称体育教师的交往责任、教学责任履行较好；而正高职称体育教师的教学责任、竞赛责任、提升责任履行较好。因为助教职称体育教师更善于和学校交往，故交往责任履行程度较高；而职称越高的教师与学校交往越少，故交往责任履行程度越低。竞赛责任和提升责任随着体育教师职称的提高，其责任履行程度也逐渐提高。

表 5.6　　不同职称体育教师心理契约责任履行情况

变量	维度	履行、期望差值	F 检验 P 值
助教	教学责任	1.431	0.023
讲师		1.024	
副高		1.174	
正高		1.831	

续表

变量	维度	履行、期望差值	F检验P值
助教	竞赛责任	1.037	0.042
讲师		1.183	
副高		1.699	
正高		1.837	
助教	提升责任	1.346	0.041
讲师		1.294	
副高		1.621	
正高		1.946	
助教	交往责任	1.686	0.035
讲师		1.311	
副高		1.124	
正高		1.486	
助教	品行责任	1.027	0.0134
讲师		1.196	
副高		1.478	
正高		1.627	
助教	总体认知	1.305	0.023
讲师		1.202	
副高		1.419	
正高		1.745	

六、不同体育项目教师和学生心理契约履行差异比较

从表5.7中可以看出，体能主导类体育教师的心理契约责任履行程度高于技能主导类，其中，体能主导类体育教师的教学责任心理契约责任履行程度更高；技能主导类体育教师的竞赛责任、提升责任履行程度更高。个人项目类体育教师心理契约责任的总体履行程度高于集体项目类。其中，集体项目类体育教师的教学责任、竞赛责任、交往责任履行程度更高；个人项目类体育教师的提升责任、品行责任履行程度更高。

表 5.7　　不同体育项目教师心理契约责任履行情况

变量	维度	履行、期望差值	F 检验 P 值
体能主导类	教学责任	1.824	0.045
技能主导类		1.174	
集体项目类		1.805	
个人项目类		1.437	
体能主导类	竞赛责任	1.383	0.041
技能主导类		1.599	
集体项目类		1.648	
个人项目类		1.408	
体能主导类	提升责任	1.394	0.032
技能主导类		1.621	
集体项目类		0.749	
个人项目类		1.324	
体能主导类	交往责任	1.311	0.044
技能主导类		1.124	
集体项目类		1.777	
个人项目类		1.701	
体能主导类	品行责任	1.196	0.023
技能主导类		1.078	
集体项目类		1.003	
个人项目类		1.769	
体能主导类	总体认知	1.422	0.042
技能主导类		1.319	
集体项目类		1.396	
个人项目类		1.528	

从表5.8中可以看出，集体项目类学生的心理契约履行程度在教学责任、竞赛责任两个维度高于其他三类项目；个人项目类学生的心理契约履行程度在提升责任维度高于其他三类项目。

表5.8　　不同体育项目学生心理契约责任履行情况

变量	维度	履行、期望差值	F检验P值
体能主导类	教学责任	1.324	0.043
技能主导类		1.421	
集体项目类		1.765	
个人项目类		1.446	
体能主导类	竞赛责任	1.343	0.044
技能主导类		1.343	
集体项目类		1.742	
个人项目类		1.143	
体能主导类	提升责任	0.843	0.032
技能主导类		0.413	
集体项目类		0.632	
个人项目类		1.464	
体能主导类	交往责任	0.654	0.084
技能主导类		0.624	
集体项目类		0.543	
个人项目类		0.743	
体能主导类	品行责任	1.753	0.093
技能主导类		1.864	
集体项目类		1.924	
个人项目类		1.865	

续表

变量	维度	履行、期望差值	F 检验 P 值
体能主导类	总体认知	1.452	0.042
技能主导类		1.432	
集体项目类		1.676	
个人项目类		1.231	

七、不同教龄体育教师和学生心理契约履行差异比较

从表 5.9 中可以看出，随着教龄的增加，体育教师的心理契约责任履行值逐渐降低。其中，有 1～5 年教龄的体育教师在教学责任、竞赛责任、提升责任三个维度的履行值较高；有 6～10 年教龄的体育教师在品行责任维度的履行值最低；有 11～15 年教龄的体育教师在教学责任、竞赛责任两个维度的履行值较高；有 15 年以上教龄的体育教师在五个维度的履行值几乎无差别。

表 5.9　　不同教龄体育教师心理契约责任履行情况

变量	维度	履行、期望差值	F 检验 P 值
1～5 年	教学责任	1.516	0.032
6～10 年		1.461	
11～15 年		1.428	
15 年以上		1.393	
1～5 年	竞赛责任	1.649	0.042
6～10 年		1.483	
11～15 年		1.545	
15 年以上		1.317	
1～5 年	提升责任	1.569	0.036
6～10 年		1.451	
11～15 年		1.393	
15 年以上		1.392	

续表

变量	维度	履行、期望差值	F 检验 P 值
1～5 年	交往责任	1.332	0.047
6～10 年		1.411	
11～15 年		1.317	
15 年以上		1.299	
1～5 年	品行责任	1.196	0.043
6～10 年		1.316	
11～15 年		1.393	
15 年以上		1.316	
1～5 年	总体认知	1.478	0.048
6～10 年		1.424	
11～15 年		1.415	
15 年以上		1.343	

从表 5.10 中可以看出，随着学龄的增加，学生的心理契约责任履行值先升高后降低。

表 5.10　不同学龄学生心理契约责任履行情况

变量	维度	履行、期望差值	F 检验 P 值
1 年	教学责任	0.593	0.043
2 年		1.104	
3 年		1.111	
4 年以上		0.732	
1 年	竞赛责任	0.317	0.047
2 年		0.875	
3 年		1.514	
4 年以上		0.606	

续表

变量	维度	履行、期望差值	F检验P值
1年	提升责任	0.593	0.042
2年		1.127	
3年		1.104	
4年以上		—	
1年	交往责任	0.317	0.041
2年		1.124	
3年		1.575	
4年以上		0.917	
1年	品行责任	1.106	0.049
2年		1.192	
3年		0.928	
4年以上		1.442	
1年	总体认知	0.585	0.045
2年		1.084	
3年		1.246	
4年以上		0.918	

八、体育师生心理契约责任与履行关系分析

为了进一步分析体育教师和学生责任心理契约与其履行的关系，笔者将体育教师与学生的心理契约责任和履行进行 Pearson 相关分析，结果见表 5.11。由表可以看出，学生责任心理契约的建立在一定程度上会影响到学生责任心理契约履行，但是不会影响到教师责任心理契约履行；教师责任心理契约的建立同样会影响到教师责任心理契约履行，但是不会影响到学生责任心理契约履行。另外，学生责任心理契约和教师责任心理契约存在一定的相关性，而且学生责任心理契约履行和教师责任心理契约履行显示出一定的关系。从结果还可以看出，师生双方均清楚在师生关系中各自的责任和义务，但是履行责任和义务的实际表现与期望值差距较大。

表 5.11　体育教师与学生的心理契约责任和履行的 Pearson 相关分析

	学生责任心理契约	学生责任心理契约履行	教师责任心理契约	教师责任心理契约履行
学生责任心理契约	1			
学生责任心理契约履行	0.453*	1		
教师责任心理契约	0.359*	−0.095	1	
教师责任心理契约履行	0.098	0.403*	0.432*	1

注：* $P<0.05$。

本章以心理契约履行和违约程度为概念，提出了在体育教师与学生心理契约关系中，二者履行心理契约责任的情况是相互关联的这一观点，并通过问卷调查对这一观点进行了验证。同时，探求了体育教师与学生心理契约履行程度的差异性，证实了不同体育教师与学生的心理契约在教师责任和学生责任上的履行度都存在一定差异的研究假设。该结论为不同的体育院校根据自身的层次和特色进一步探寻师生的心理契约等问题，提供了具有一定借鉴意义和参考性的方式和方法，同时，为高校教师对学生进行管理和在心理契约等方面进行指导提供了一种崭新的观点和手段。

从本章的研究结果中还可以看出，师生责任心理契约与师生责任履行之间的差异较大，体育院校师生责任期望心理契约履行处于较低水平，与期望值有较大差距，师生并没有真正实现对责任的期望。实际上，体育院校师生在教学过程中的表现并没有满足自己的需要。造成心理契约履行程度低的原因并不是师生之间关于课堂教学心理契约中应承担的责任和义务的认识与期望不对等，致使履行责任和义务的行动发生偏离，而是履行责任和义务的实际表现与期望值差距较大。这说明，部分体育教师并未对履行教学责任和义务引起重视。

本研究还发现，体育师生责任期望心理契约水平高低和责任期望心理契约履行大小相关。比如，学生到大四的时候，会降低自身责任期望心理契约，教师会根据对学生责任履行的认知调整自己的履约行为,降低对大四学生的责任期望以及责任履行度。

在性别对体育教师与学生履行心理契约影响的研究上,笔者认为,男体育教师对体育教师与学生的心理契约的履行程度较高,男学生对体育教师与学生的心理契约的履行程度较高。由于性别差异是客观存在的,通常来说,在教育、外部环境、遗传以及个人主观努力等要素的共同作用下,女性更具文静和乖巧等内倾性,在日常课程学习活动过程中也能够更认真地听取教师的教导,学习时也相对踏实和努力,因此,对自我的期望要求也普遍较高。同时,由于本书选择的样本是体育院校的男性,而男性通常较女性更具有抽象的思维和较强的实操能力等,故女生实际履行师生心理契约责任的情况反而不如男生。体育教师与学生心理契约责任的履行程度与学校教师的教龄和职称存在对应关系。研究结论认为,教龄越高的体育教师,对体育教师与学生的心理契约的履行程度越高;职称越高的体育教师,对体育教师与学生的心理契约的履行程度越高。这可能是由于教师教学质量越高,越容易得到学生的认可。

婚姻也是影响体育教师与学生心理契约责任履行程度的重要因素。已婚体育教师心理契约责任履行值低于未婚体育教师,其中,教学责任和竞赛责任差异最大。不同技能项目的体育教师对体育教师与学生心理契约责任的履行程度存在影响,体能主导类的体育教师对师生心理契约责任履行程度的影响高于技能主导类,个人项目类的体育教师对师生心理契约责任履行程度的影响高于集体项目类。这可能与不同项目教师的教学思路和方法不同有关。

体育教师与学生心理契约责任的履行程度也表现出动态特性,随着年级的增加,学生心理契约责任的履行值先升高后降低。因为随着学习阶段的不同,学生的心理成熟度、学习能力、科研能力及应变能力等各因素会产生变动,心理契约履行程度也会相应发生变动。

总之,从研究结论中可以发现,体育院校的师生双方均清楚在课堂教学中各自的责任和义务,但是履行责任和义务的实际表现与期望值差距较大。因此,要提高师生履行责任和义务的程度,需要双方的沟通和干预来完成。

学校可以在多方面提高体育教师和学生心理契约责任的履行程度。比如,在学生的教学责任方面,学校教育的中心应该是培养学生能力方面的素质。由于能力是掌握知识、技能的必要前提,知识、技能的掌握有赖于能力的形成和发展。所以在教学训练中,应使学生获得学习知识、技能的能力。体育院校的管理层要为体育训练教学提供良好的训练课环境,支持教师的训练课课程,培养教师良好的训练教学能力。在硬件方面，需要搭建常规的训练设施和器材；在软件方面，需要专业的教师和相应的培训大纲。只有在良好的教学环境中，才能发挥教师作为指挥者，学生作为承受者的作用，从而积极激发“教与学”的双边积极性，提高学生的实践能力和想象力。在竞赛责任方面，体育院校应该培养学生的竞赛责任和交往责任。首先，学校要通过对教师的培训，改变其教学观念。在学校教育中，教师是教学的领导者，其自身素质的高低对学生具有深远的影响，因此，学校对教师进行培训是非常关键的。其次，学校应对教师和学生开设责任意识教育，同时要针对体育教学灵活多变的特点，分析有效的责任意识教育方法。最后，学校应该结合体育运动项目的特点，培养师生的集体意识和责任意识。在交往责任方面，学校应该给教师和学生提供交往环境，优化交往渠道，构建教师和学生的交往制度。

第六章 体育教师和学生心理契约责任、履行和结果关系的实证研究

随着我国高等教育的不断普及与高校招生规模的逐渐扩大，我国体育院校的招生规模也同样表现出稳定的增长。与其他高校扩招所带来的问题相同，随着体育专业招生规模的不断扩大，怎样保证有效的教学质量和学生体育专业技能的学习成为了现阶段我国体育专业教育研究的一个重要领域。长期以来，我国的高等院校都是以刚性契约的形式对学生进行管理。首先，这种形式可以对学生偏离学校教学目标的行为加以约束；其次，这种形式可以激励和督促学生的学习，从而使教师更好地开展教学工作。但是对高校的学生来说，每一个都是独立的个体，他们的思想、行为与动机都是很难预测的，因此，即使再完备的规章制度也会或多或少地对学生的行为产生不同的影响。而不同的学生在其学习过程中，自身条件的不同也会不同程度地影响学习的效果。学校所制定的一些规章制度在解决这方面的问题时有时会显得力不从心。但是，现阶段对学生学习的研究大多侧重于政府或者学校的角度，从学生自身的心理和学生与教师的心理契约角度进行的研究则相对较少。随着我国高等院校各项改革措施的不断实施，学校与学生之间的关系逐渐从原来纯粹的教育与接受教育、管理与被管理，发展为现在的教育服务者与教育消费者。在这种形势之下，就需要高校的管理层和优秀的教师科学地指引学生的学习态度和学习行为，从而获得更好的教育成果。

现阶段我国大学生在学校中的学习行为包括自身学业规划的制定、学习主动性的培养以及学习的参与程度等，而这些行为对学生的学习成果也有一定的预测作用。对学生来说，影响其学习行为的因素可以分为内在与外在两大方面。其中，内在因素主要包括学生自身的学习动机、思维习惯、行为方式和师生之间的心理契约；而外在因素则主要包括教师的整体素质、学校教学管理的方

式以及学习环境等条件。虽然学生在学习过程中受到外界因素的影响较多，但是不能否认教师在学生学习活动中履行师生心理契约责任对学生的影响。

本章将在前期研究的基础上，对体育院校师生心理契约对教师教学行为和学生学习行为的影响机制进行深入的研究，通过实证研究的方法探索教师在履行师生心理契约责任方面对学生学习行为影响的具体表现。期望通过本研究为将来体育院校教师运用师生心理契约提高学生的学习效果提供有力的理论研究基础，从而进一步加强体育院校的学风建设，逐步转变大环境下体育院校学生的学习风气，为体育院校的教学管理提供一种新的思路和方法。而该研究的结论也将进一步促进我国体育院校学生的成长，提高体育院校的教学质量。

第一节　体育师生心理契约对学生学习行为和教师教学行为的影响机制

一、内、外在性需要是心理契约发挥作用的基础

传统的"古典学派"认为，心理契约的主体必须是两个，这样容易出现对期望的理解不一致，造成心理契约内容的非唯一性，进而给实证研究带来困难。而 Rousseau 学派对心理契约的概念重新进行了界定，解决了"古典学派"实证研究面临的困难，获得了更多研究者的认同，是目前心理契约研究的主流。但是，我们也应该看到，两种学派在概念界定上均或多或少地存在一些问题。因此，在参考众多国内外学者对心理契约概念的界定后，我们认为，心理契约是指当事人有其自身的期望，但是这种期望并没有被直接地表达出来，双方要通过不同的心理暗示了解对方的期望，并在此基础上形成的一套同样没有表达出来的心理协议。从这一定义中我们可以发现，达成心理契约的一个首要条件就是期望的存在，对于当事人来说，期望是否被意识到是达成心理契约的必要条件。对于体育院校的师生来说，他们将各自内在和外在的需要以期望的形式表现出来，并通过心理暗示传递给对方，通过相互之间的互动逐步达成一种未表现出的心理契约。因此，我们可以发现，心理契约有着能够激励和约束当事人双方内在和外在刚性需求的作用。

二、体育师生心理契约构建阶段对学生学习行为的影响

师生之间的心理契约主要来自于教学活动中的师生需求。师生之间通过

暗示或提醒的方式使自己的期望被对方意识到，并逐渐转化成心理契约，从而构建出心理契约的关系。在这种关系的构建过程中，如果当事人双方通过口头或书面语言进行沟通与交流并把这一契约表现出来，则这种契约不属于心理契约的范畴。在心理契约形成的过程中，需要的是契约双方心理暗示与交流的技巧，这种交流与调整有些会半途而废，而有些则会相互认同，最终形成心理契约。但是对体育院校的师生来说，体育教师与学生由于本身角色的不同，导致在各自心理期望的交流过程中，体育教师所发挥的作用是主要的。在这一过程中，体育教师通过不同手段与方式的调节与干预，引导学生对内、外性需求进行调整；同时，不同程度地激发学生的学习需要与学习兴趣，从而转变学生的学习态度与学习动机，逐步形成学生与体育教师之间的心理契约。

当体育教师与学生之间的心理契约达成之后，体育教师对心理契约履行的情况将会直接影响学生的学习行为。如果体育教师在心理契约的履行过程中出现了违背的情况，例如，备课不认真、讲课没有条理、重点不清晰等，将导致学生学习产生困难，内在学习需求受到影响，从而削弱学生的学习积极性，影响学生的学习效果；相反，如果体育教师在课堂讲授过程中符合了师生心理契约的期望，如讲课深入浅出、明白易懂，课堂气氛活跃，学生学习积极主动性高，就能够大大提高学生的学习成绩。这样一来，教师就能够让学生的内在学习需求得到满足，从而进一步加强学生的学习动机。另外，在教学管理过程中，如果学生取得了较好的成绩并得到了教师的鼓励与表扬，就能够进一步诱发学生的外在学习动机，对学生的内在学习动机也会产生积极的影响，从而进一步增强学生学习的积极性与主动性。

三、体育师生心理契约履行阶段对教师教学行为的影响

体育教师的职业素质水平直接决定着其教育事业的发展状况，因此，要不断提高体育教师的教学能力。当体育师生之间的心理契约进入履行阶段时，将对体育教师的日常教学过程产生影响。体育教师的教学功力由多种单项能力共同综合而成，若缺失任何一种技能，都会直接影响到他的教学质量、水平以及整体结构功能的发挥。龙家勇认为，构成体育教师的教学行为包括：①教学能力：是指体育教师传授知识、技能的水平，它是衡量体育教师教学质量的基本要素。②组织管理能力：是指体育教师在教学过程中的组织和监控能力。③创新能力：是指体育教师在教学过程中改变教学方法、提高教学效率的能力。④课余训练能力：是指体育教师在一定体育专长的基础上，利用课余时间对体育特

长生进行组织训练的过程。⑤因材施教能力:是指体育教师根据学生的特点,针对不同的学生采用不同的教学方法的能力。这几个能力是成为一个优秀体育教师的核心要素。[①]

第二节　问卷设计过程

一、研究假设

由前面的分析可知,心理契约的双方对契约履行的情况是相互影响的,那么,体育教师对师生之间心理契约的履行情况对学生的学习行为产生的影响是否显著,或是否为正向的,需要进一步的研究。师生之间的心理契约与师生与学校之间、教师之间、学生之间的心理契约是不同的,教师对契约的履行情况将对契约的履行情况产生主要的影响,这是由高校教师与学生之间的特定关系决定的。据此可以推测出,在学生的学习过程中,虽然其学习行为受到很多外在与内在因素的影响,但是教师对师生心理契约的履行情况对学生学习行为的影响也是非常重要的。所以,本研究作出如下假设:师生心理契约对体育院校学生的学习行为能够产生直接影响,而且师生心理契约受到影响的内、外部环境变量包括学生的个体特征、教师的教学管理条件等。师生之间的心理契约是学生学习行为的重要基础保障,内隐的责任包括训练、竞赛、提升、交往与品行 5 个层面;而外显的学习行为则主要包括专业学习行动与具体的学习时间。但是在实际学习过程中,师生心理契约水平的高低并不能真实地反映学生学习行为的强弱。所以,怎样正确地把握师生心理契约与体育院校学生专业学习行为之间的影响机制,全面、整体地提高体育院校师生的心理契约水平,从而将其最大限度地应用于学生的专业学习行为中,就成为当代体育院校教育工作者首要解决的问题之一。

本章将对体育教师和学生心理契约责任、履行、组织环境以及师生行为关系进行分析,并创造性地构建了四点之间的互动作用机理模型,具体如图 6.1 所示。主要研究内容包括:分析体育师生心理契约责任对教师教学行为和学生学习行为的影响机制;检验体育师生心理契约履行在师生之间心理契约责任和

① 参见龙家勇:《体育教师职业素质结构体系构建研究——以重庆中小学体育教师为例》,西南大学硕士学位论文,2011 年。

教师教学行为、学生学习行为之间的中介作用;验证学校组织环境对心理契约责任和心理契约履行的调节作用,学校组织环境对心理契约履行和教师教学行为、学生学习行为结果的调节作用以及学校组织环境对教师教学行为、学生学习行为结果与心理契约责任的重新确立的调节作用关系。

因此,本章提出以下几方面的假设:

假设 1:体育教师和学生心理契约责任的建立对教师教学行为和学生学习行为存在正向影响。

假设 2:体育教师和学生心理契约责任的建立对体育教师和学生心理契约履行存在正向影响。

假设 3:体育教师和学生心理契约履行对教师教学行为和学生学习行为存在正向影响。

假设 4:体育教师和学生心理契约履行在师生心理契约责任和教师教学行为、学生学习行为之间起中介作用。

假设 5:组织环境在体育教师和学生心理契约履行和教师教学行为、学生学习行为之间起调节作用。

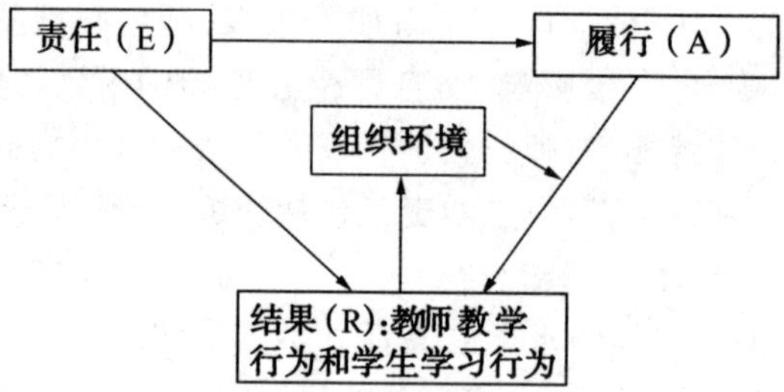

图 6.1　体育师生心理契约实现及组织环境的影响机制

E——心理契约的建立;A——心理契约的调整与履行;R——最后的实现与结果

二、研究量表设计

在设计专业学习行为量表时,笔者借鉴了秦攀博(2009)的量表,并结合学习行为的实际情况进行修正。在该量表中,主要设计了学生学业的目标规划、课堂的听讲情况、学生的自主学习情况和相互学习情况 4 个维度。在教师的教学行为方面,笔者借鉴龙家勇(2011)的构成教师的职业教学行为进行问卷的设计。高校组织环境包括内部环境和外部环境,其中,外部环境由政治、经济、社会、文化等因素构成;内部环境由组织文化、结构、氛围及工作环境等因素构成。组织环境评价参考了王瑞文(2014)的问卷。所有量表设计题项均使用李克特五级量表,调查对象根据自身实际情况进行打分赋值,赋分值表示被调查者的专业认同水平程度。

三、问卷调查过程

本研究选择的对象是成都体育学院的30名体育教师和170名学生,于2015年6～10月通过快递问卷的形式进行问卷调查,发放问卷200份。经过分析和剔除无效问卷,共回收171份有效问卷,回收率高达85.5%。在对有效回收的样本分析后发现,调查对象中男性占36.7%,女性占63.3%。对调查数据使用SPSS 17.5和AMOS 17.0软件进行统计分析,通过相关分析分析各变量间的相关关系,并通过结构方程模拟构建了心理契约责任、心理契约履行、组织环境对教师教学行为和学生学习行为的影响机制。

第三节　研究结果分析

一、教师教学行为、学生学习行为和组织环境信度和效度分析

1. 信度分析

由表6.1可知,量表的总体α系数分别为0.885、0.876,都在0.8左右。这表明,问卷内部的一致性较高,即该量表通过了信度检验。

表6.1　　教师教学行为、学生学习行为和组织环境问卷信度分析

变量	α系数	项目数
教师教学行为和学生学习行为	0.885	31
组织环境	0.876	6

2. 效度分析

由表6.2可知,问卷的KMO值分别为0.892、0.8429,Bartlett球形检验近似卡方值分别为456.552、402.255,且显著性概率为0.000,具有极显著性水平。通过因子分析发现,两个问卷累计方差贡献率分别占到82.69%、86.45%。根据因子载荷有效性可知,该量表具有较高的结构效度,即效度检验合理。

表 6.2 教师教学行为、学生学习行为和组织环境效度检验

参数	教师教学行为和学生学习行为	组织环境
KMO 值	0.892	0.8429
近似卡方值	456.552	402.255
显著性	0.000	0.000
累计方差贡献率/%	82.69	86.45

二、变量间相关性分析

在构建结构化方程模型前，先通过相关分析方法对体育教师和学生心理契约责任的建立，体育教师和学生心理契约责任的履行，教师教学行为、学生学习行为和组织环境之间的关系进行分析，以便于揭示统计关系的强弱程度。该研究运用皮尔逊相关分析方法进行基础的计量，相关分析结果见表 6.3。

由表 6.3 可知，心理契约建立、心理契约履行、组织环境与教师教学行为和学生学习行为之间的相关系数分别为 0.562、0.673 和 0.495，均呈现正相关关系。这表明，体育教师和学生心理契约责任的建立与教师教学行为和学生学习行为存在正向相关，师生心理契约责任的建立与师生心理契约履行存在正向相关，组织环境对体育教师和学生心理契约责任的建立产生了正向影响，验证了假设 1、2、3。组织环境和心理契约建立的相关系数为 0.598，验证了假设 5。

表 6.3 各变量间相关系数矩阵

	心理契约建立	心理契约履行	教师教学行为和学生学习行为	组织环境
心理契约建立	1			
心理契约履行	0.653**	1		
教师教学行为和学生学习行为	0.562**	0.673**	1	
组织环境	0.598**	0.403**	0.495**	1

注：** 表示极显著相关($P<0.01$)。

三、结构方程模型的结果分析

为了进一步分析体育教师和学生心理契约责任的建立、体育教师和学生心理契约责任的履行对教师教学行为和学生学习行为的影响机制及其影响程度，同时分析组织环境在体育教师和学生心理契约责任的建立和重新建立中的作用，本研究通过结构方程模型对体育教师和学生心理契约责任的建立、体育教师和学生心理契约责任的履行、教师教学行为和学生学习行为以及组织环境4个量表进行综合分析，以此得出它们间的影响关系及影响程度。

1. 体育教师和学生心理契约责任的建立与教师教学行为和学生学习行为关系假设验证

由表6.4可知，体育教师和学生心理契约责任的建立与教师教学行为和学生学习行为的结构模型检验显示 P 值为0.000，可认为两者达到了极显著关系；CMIN/DF 的值为2.296，CFI、NFI、LFI 的值均接近1，RMSEA 的值为0.068。结果表明，各项指标均满足模型检验以及拟合优度的标准和要求。这说明，体育教师和学生心理契约责任的建立与教师教学行为和学生学习行为关系模型拟合效果较好。体育教师和学生心理契约责任的建立与教师教学行为和学生学习行为的结构方程模型分析结果如图6.2所示。

结构方程模型中潜在变量间的系数表示如果其中的某变量变动，将会引起其他变量发生变化的程度。由图6.2可知，教师教学行为和学生学习行为这一潜在变量受到体育教师和学生心理契约责任的建立的影响，其影响程度达到0.59。这表明，体育教师和学生心理契约责任的建立对教师教学行为和学生学习行为存在正向影响。

表6.4　体育教师和学生心理契约责任的建立与教师教学行为和学生学习行为量表拟合度

Model	CMIN	DF	P	CMIN/DF	CFI	NFI	LFI	RMSEA
Default model	4.852	9	0.000	2.296	0.985	0.945	0.936	0.068

2. 体育教师和学生心理契约责任的建立与体育教师和学生心理契约履行关系假设验证

由表6.5可知，体育教师和学生心理契约责任的建立与体育教师和学生心理契约履行的结构模型检验显示 P 值为0.008，可认为两者达到了极显著关系；CMIN/DF 的值为2.365，CFI、NFI、LFI 的值均接近1，RMSEA 的值为

0.115。结果表明,各项指标均满足模型检验以及拟合优度的标准和要求。这说明,体育教师和学生心理契约责任的建立与体育教师和学生心理契约履行关系模型拟合效果较好。体育教师和学生心理契约责任的建立与体育教师和学生心理契约履行的结构方程模型分析结果如图 6.3 所示。

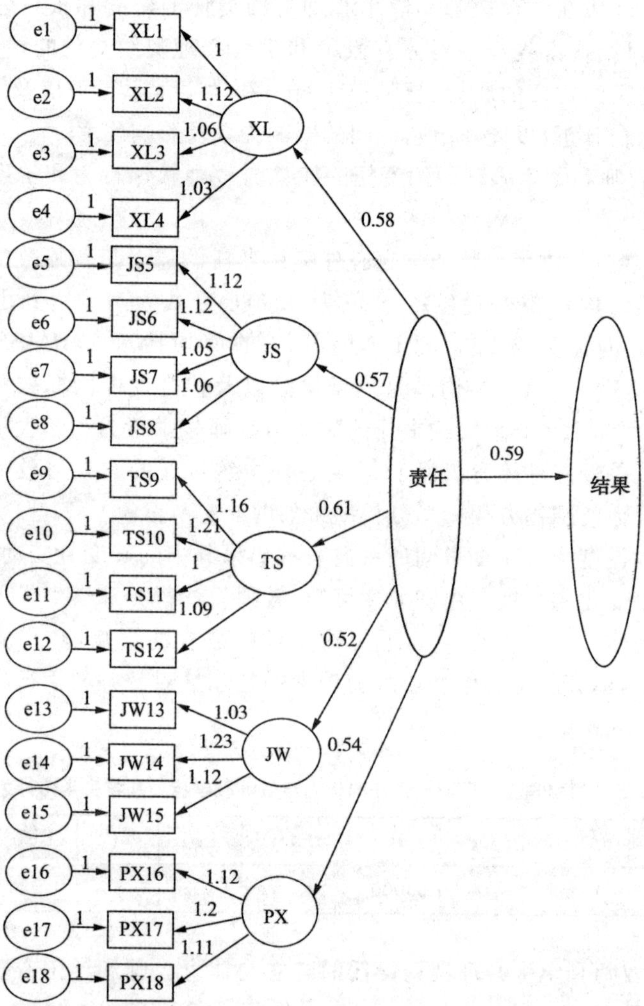

图 6.2 体育教师和学生心理契约责任的建立与教师教学行为和学生学习行为的结构方程模型分析结果

表 6.5　体育教师和学生心理契约责任的建立与体育教师和学生心理契约履行量表拟合度

Model	CMIN	DF	*P*	CMIN/DF	CFI	NFI	LFI	RMSEA
Default model	56.55	9	0.008	2.365	0.952	0.985	0.921	0.115

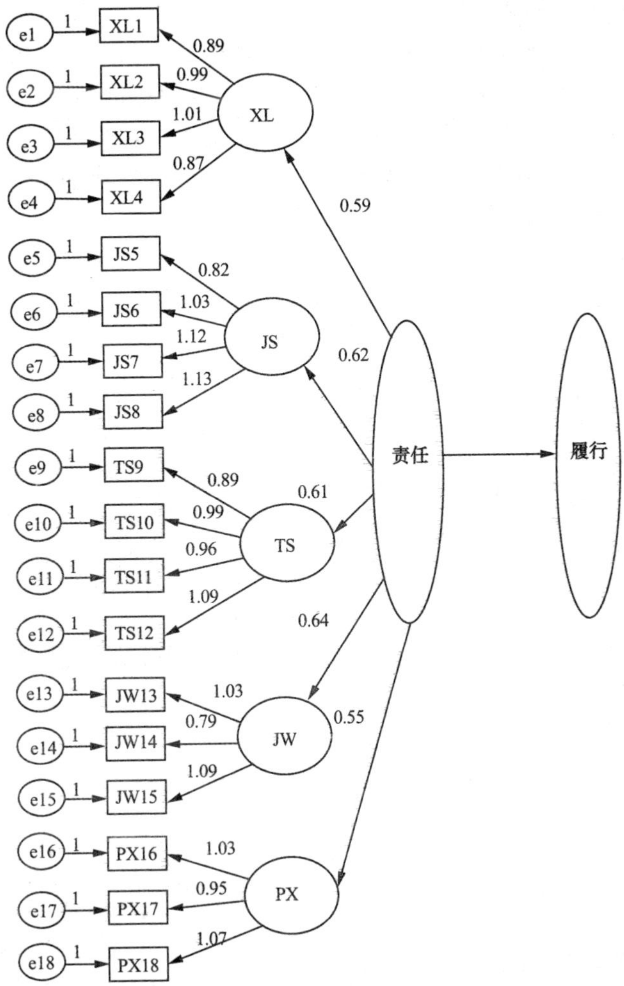

图 6.3　体育教师和学生心理契约责任的建立与体育教师和学生心理契约履行的结构方程模型分析结果

由图 6.3 可知，体育教师和学生心理契约责任的建立与体育教师和学生心理契约履行的影响程度达到 0.61。这表明，体育教师和学生心理契约责任的建立对体育教师和学生心理契约履行存在正向影响。

3.体育教师和学生心理契约履行对教师教学行为和学生学习行为关系假设验证

由表6.6可知,体育教师和学生心理契约履行与教师教学行为和学生学习行为的结构模型检验显示 P 值为0.000,可认为两者达到了极显著关系;CMIN/DF的值为1.895,CFI、NFI、LFI的值均接近1,RMSEA的值为0.069。结果表明,各项指标均满足模型检验以及拟合优度的标准和要求。这说明,体育教师和学生心理契约履行与教师教学行为和学生学习行为关系模型拟合效果较好。体育教师和学生心理契约履行与教师教学行为和学生学习行为的结构方程模型分析结果如图6.4所示。

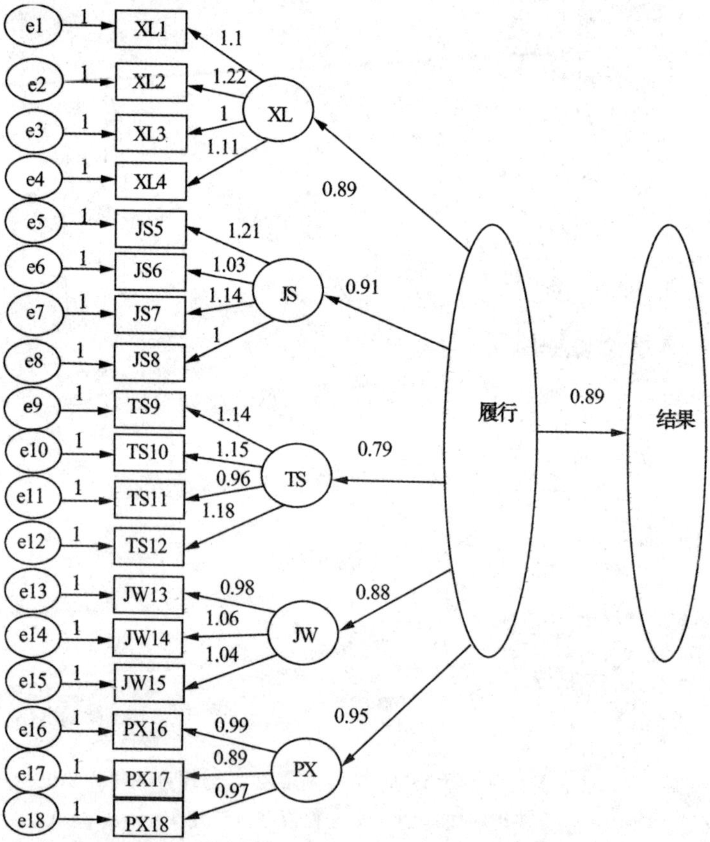

图6.4 体育教师和学生心理契约履行与教师教学行为和学生学习行为的结构方程模型分析结果

表 6.6　体育教师和学生心理契约履行与教师教学行为和学生学习行为量表拟合度

Model	CMIN	DF	P	CMIN/DF	CFI	NFI	LFI	RMSEA
Default model	19.550	9	0.000	1.895	0.945	0.962	0.975	0.069

由图 6.4 可知，教师教学行为和学生学习行为这一潜在变量受到体育教师和学生心理契约履行的影响，其影响程度达到 0.89。这表明，体育教师和学生心理契约履行对教师教学行为和学生学习行为存在正向影响。

4.体育教师和学生心理契约的履行在师生心理契约责任和教师教学行为及学生学习行为之间起中介作用的假设验证

为了检验体育师生心理契约责任是否通过师生心理契约履行变量对教师教学行为和学生学习行为变量产生影响，笔者采取 Baron&Kenny(1986)提出的检验变量在模型中是否存在中介效应的方法。具体如图 6.5 所示。

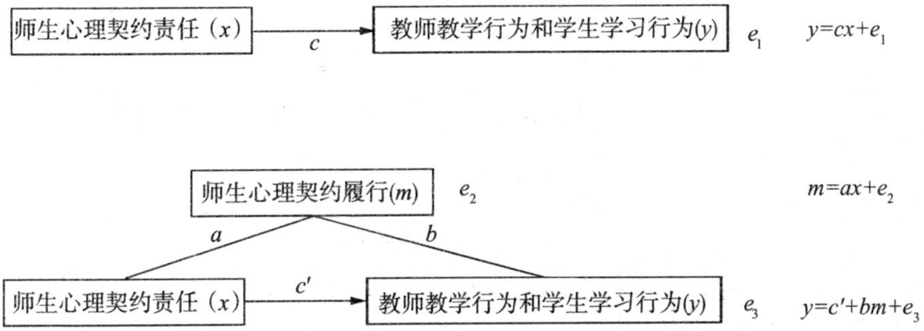

图 6.5　体育教师和学生心理契约履行的中介效应检验

自变量回归系数 c' 值的大小用于判断中介变量是完全作用还是部分作用。如果自变量回归系数 c' 降到了不显著水平，则中介变量起到完全中介的作用；如果回归系数 c' 降低不明显，仍然达到显著水平，则此时的中介变量只起到部分中介作用。具体检验过程如下：

首先对方程 $y=cx+e_1$ 中的 c 进行检验，判断其是否达到显著水平，结果见表 6.7。由表可知，方程 $y=cx+e_1$ 的回归效应显著，P 值为 0.000，c 值为 0.755，可以进行方程 $m=ax+e_2$ 和方程 $y=c'x+bm+e_3$ 的显著性检验(结果分别见表 6.8 和表 6.9)。

表 6.7 方程 $y=cx+e_1$ 回归分析模型汇总表

	非标准化系数		P 值
	B	标准误差	
常量	0.793	0.196	0.000
心理契约责任	0.755	0.052	0.000
R^2	0.676		
Adjust R^2	0.441		
F 值	355.254		0.000

表 6.8 方程 $m=ax+e_2$ 回归分析模型汇总表

	非标准化系数		P 值
	B	标准误差	
常量	0.745	0.126	0.000
心理契约责任	0.783	0.062	0.000
R^2	0.712		
Adjust R^2	0.704		
F 值	352.214		0.000

由表 6.8 可知，方程 $m=ax+e_2$ 的回归效应显著，P 值为 0.000，c 值为 0.783，可以进行方程 $y=c'x+bm+e_3$ 的显著性检验(结果见表 6.9)。

表 6.9 方程 $y=c'x+bm+e_3$ 回归分析模型汇总表

	非标准化系数		P 值
	B	标准误差	
常量	1.253	0.152	0.000
心理契约责任	0.365	0.054	0.000
心理契约履行	0.247	0.032	0.000
R^2	0.795		
Adjust R^2	0.703		
F 值	132.250		0.000

由表 6.9 可知，方程 $y=c'x+bm+e_3$ 的回归效应显著，P 值为 0.000，c' 值为 0.245，因此，方程 $m=ax+e_2$ 和方程 $y=c'x+bm+e_3$ 中的 a 和 b 都达到了显著水平。接下来可以检验体育教师和学生心理契约履行是完全中介效应还是部分中介效应。

由表 6.9 可知，c' 值为 0.245，P 值为 0.000，因此是部分中介效应，自变量对因变量的中介效应不完全通过中介变量体育教师和学生心理契约的履行的中介来达到其影响，体育教师和学生心理契约责任对教师教学行为和学生学习行为有直接效应。中介效应占总效应的比值为：0.783×0.247/0.452＝0.428，中介效应解释了因变量的方差变异为(0.703－0.441)×100％＝26.2％。由以上结果可以看出，体育教师和学生心理契约责任不完全通过中介变量体育教师和学生心理契约履行的中介来达到其影响，体育教师和学生心理契约责任对教师教学行为和学生学习行为有直接效应，其中介效应占总效应的比值为 0.428，中介效应解释了因变量的方程变异为 26.2％。该结论验证了假设 4。

5. 组织环境在体育教师和学生心理契约履行和教师教学行为、学生学习行为之间起调节作用的假设验证

前面分析了体育教师和学生心理契约履行对教师教学行为和学生学习行为的影响，在这个影响过程中，组织环境将对上述模型起到调节作用，下文将给予证明。以组织环境为自变量，以教师教学行为和学生学习行为为因变量进行回归分析，结果见表 6.10。

表 6.10　　回归分析模型汇总表

	非标准化系数		P 值
	B	标准误差	
常量	2.035	0.152	0.000
组织环境	0.485	0.035	0.000
R^2	0.878		
Adjust R^2	0.835		
F 值	213.245		0.000

由表 6.10 可知，该回归模型的 Adjust R^2 为 0.835，说明整体拟合度较好，自变量能够很好地解释因变量，而且其相关性系数小于 0.01，说明达到了极显著差异水平。

为了检验组织环境的调节作用是否达到了显著水平，将自变量(x)和调节变量(y)，用带有乘积项(xm)的回归模型作分层回归分析。首先，作 y 对 x 和 m 的回归，得到测定系数 R_1^2；其次，作 y 对 x、m 和 xm 的回归得 R_2^2，若 R_2^2 显著比 R_1^2 高，那么调节效应显著。此外，也可以作 xm 的偏回归系数检验，假如结果显著，那么调节效应也显著。本研究采用第一种方法进行调节效应的检验，具体步骤如下：

先对体育教师和学生心理契约履行和组织环境进行逐步回归分析，其中，因变量为教师教学行为和学生学习行为，然后引入体育教师和学生心理契约履行×组织环境，其中因变量为教师教学行为和学生学习行为，结果见表 6.11。

表 6.11　体育教师和学生心理契约履行和组织环境逐步回归分析结果

因素	回归方程一			回归方程二		
	回归系数	标准回归系数	P 值	回归系数	标准回归系数	P 值
常数项	1.561	0.051	0.000	1.195	0.116	0.000
组织环境	1.326	0.332	0.000	1.357	0.127	0.000
体育教师和学生心理契约履行	0.286	0.169	1.921	0.125	0.038	0.000
体育教师和学生心理契约履行×组织环境				0.125	0.026	0.000
F 值	120.172		0.000	22.656		0.000
R^2	0.708			0.701		
Adjust R^2	0.645			0.698		
Beta R^2				0.038		

由表 6.11 可知，Beta R^2 值为 0.038，并且 F 值显著，即增加了交互项之后，体育教师和学生心理契约履行对教师教学行为和学生学习行为的解释增加了 3.8%，说明组织环境在体育教师和学生心理契约履行与教师教学行为和学生学习行为之间起到了调节作用。该结论验证了假设 5。

6. 总体模型的回归结果(见表 6.12)

由表 6.12 可知，总体结构模型检验显示 P 值为 0.006，可认为达到了极显著关系；CMIN/DF 的值为 2.202，CFI、NFI、LFI 的值均接近 1，RMSEA 的值为 0.064。结果表明，各项指标的模型检验及拟合优度均达到了要求，说明模型拟合效果较好。图 6.6 给出了总体模型的结果模型图，由图中的实证结果可以认为，该模型证实了我们本章开始的假设。

表 6.12　　总体模型的回归拟合度检验结果

Model	*P*	CMIN/DF	CFI	NFI	LFI	RMSEA
Default model	0.006	2.202	0.965	0.948	0.970	0.064

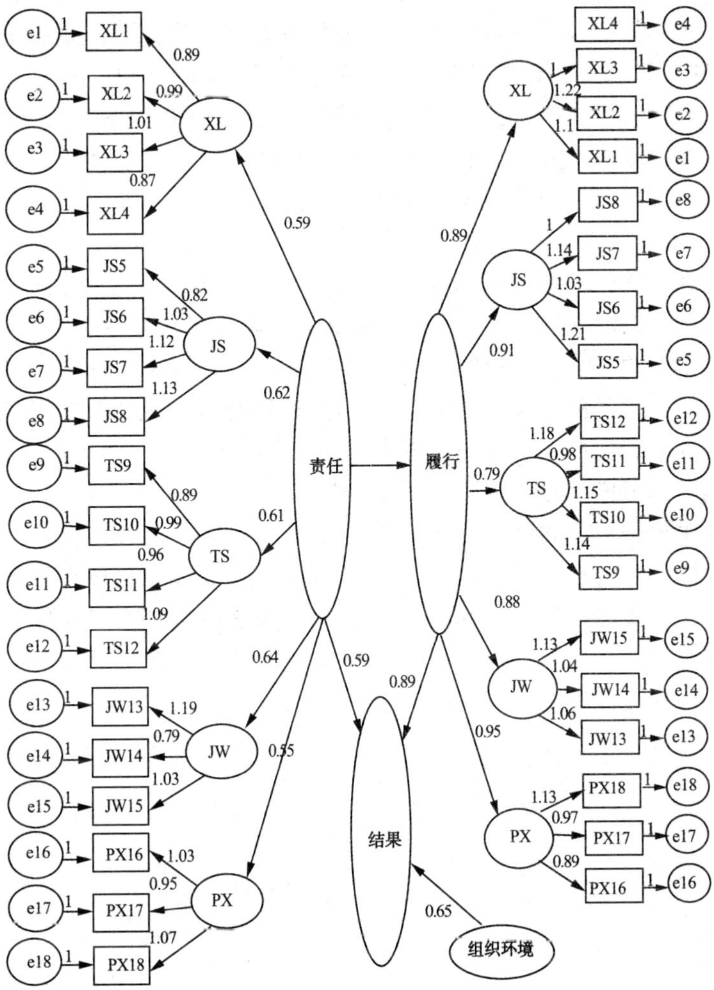

图 6.6　总体模型的结果模型图

通过前文对提出的假设进行验证后的结果可知，本研究所设定的模型是成立的。体育教师和学生心理契约责任的建立，在一定程度上代表了师生之间建立了良好的隐形关系，从而有助于进一步提高教师教学行为和学生学习行为向积极的方向发展。同时，体育教师和学生之间的心理契约并不是所有的责任都会去履行，只有当体育教师和学生之间心理契约的履行会积极提高教师教学行为和学生学习行为时，才会去履行。

组织环境也是影响教师教学行为和学生学习行为的重要因素。高校的组织结构合理，各部门职能明确，可以为师生提供丰富的教学资源和很好的精神文化，能够很好地支持教师和学生建立良好的关系，同时，学校有良好的晋升和薪酬体系，这些都会积极地影响教师的教学行为和学生的学习行为，调节体育教师和学生心理契约履行向教师教学行为和学生学习行为转化的过程。学校提供了契约形成的背景和环境，一方面，学校的一切活动都要以为教学服务为目的，夯实教学活动顺利进行的基础，同时，学校要为学生教育提供服务，要维护正常的教学秩序，引导学生更好地接受学校教育。学校通过合同与教师缔结了文本契约，对教师的教学和科研等提出了具体的要求。另一方面，学校对学生也有文本契约，通过《大学本科学生管理规定》《大学学生毕业管理条例》《大学学生班级管理条例》《大学学生社团管理条例》等各种规章制度对学生的学习行为进行要求和规范。学校委托教师传授知识给学生，在学校的背景下，教师与学生之间就形成了心理契约。

本章主要分析了体育教师和学生心理契约责任影响教师教学行为和学生学习行为的作用机理，其研究结论为中国高校文化背景下的体育教师和学生心理契约责任在教师教学工作和学生学习中的重要地位提供了佐证。这为高校教育管理者采取适当的管理措施促进教师的教学行为和学生的学习行为提供了有力的理论支撑。

第七章　体育教师和学生心理契约履行机制及对教师教学行为和学生学习行为影响的探讨

对高校体育教师和学生群体而言，其双向心理契约的作用机制是什么？又会受到哪些因素的影响？其心理契约的履行、违背、破裂机制如何？又如何影响学生的学习行为？心理契约与学生的学习行为中间又有哪些中介变量起到了交互作用？这些都是本研究拟通过实证来探讨的。本章主要阐述履行和违背心理契约机制、形成师生心理契约的过程及师生心理契约的构建对教师教学和学生学习的影响等方面。

第一节　体育教师和学生心理契约的内容和结构

高校体育教师和学生的心理契约形成实际上是对获取的信息进行编码和解码的过程。体育教师和学生先对各种心理契约信息进行筛选，从自身和对方之间的关系信息库中提取重要信息进行编码和解码，然后再对内外因素进行加工。体育院校师生心理契约量表的设计应该遵循心理契约的基本结构“现实的师生双方责任”和“发展中的师生双方责任”。过去的研究主要是从企业和雇员的角度出发来阐述心理契约的结构和内容。而从师生双向心理契约的角度进行的研究，更多关注的是普通的师生心理契约。体育教师和学生这一群体具有属于自身的特色，他们不同于企业的员工、医院的医生或者科学工作者，分析体育院校师生之间的心理契约，对高校如何处理好体育教师与学生的关系非常有帮助。体育院校师生心理契约不同于普通高校师生心理契约，因为体育院校师生更多关注的是体育竞技技能的学习以及体育竞赛等方面的内容，同时在管理过程、目的、内容和结构等角度，体育院校也与普通院校存在诸多不同点，因此，体育院校师生心理契约的内容与结构因其组织性质不同而呈现出差异。体育教师在师生关系处理中主要是学生体育竞技技能的训练和教学，让学生完成常规的训练、提高自身的技能、参与竞技比赛，而不只是简单地管理学生，或者笼统地培养学生的智能。体育教师还要关注学生的思想品德，要在和学生的交往中，教会学生体育竞技技能，培养学生良好的思想品德。因此，本书提出了教学责任、竞技责任、提升责任、品行责任和交往责任。通过信度检验和效度检验，教师和学生的心理契约两个量表的总体 α 系数都在 0.8 左右，在维度信度方面，两个量表都达到了显著水平。以理论和研究成果为基础对项目进行筛选，因此，项目的选择有很强的代表性。师生量表及各因素量表分析都达到了显著水平，因此，师生量表具有较高的效度。通过因子分析证实，体育教师和学生心理契约量表均有较好的结构效度。体育教师和学生心理契约的师生量表关联度较高，各项指标均达到了要求，可以用作体育教师和学生心理契约的测量工具。

第二节　体育教师和学生心理契约的形成机制

心理契约的构建是一个循环模式，包括构建、调整、实现三个过程，这三个过程是反反复复进行的。在课程初期，体育教师一般都是先和学生相互沟通，初步了解后，再结合学生的兴趣和他们对教师的了解程度两方面，为学生制订一个初步的规划。这个规划的层次较低，学生容易实现。这样，学生通过自己的努力实现了既定目标后，会提高自己的积极性，可为教师制订下一阶段的工作目标奠定基础。完成初级阶段后，在教师的教学工作进展过程中，教师的教学目标难免会和学生的想法产生一定的偏差，这会对学生产生消极的影响。面对这样的情况，教师要主动调整方式，积极与学生沟通，听取他们的想法，了解他们有什么样的预期目标，然后再结合学生的反馈及实际的教学情况来及时调整与学生间的心理契约。这种调整的目的就是让学生对课程内容保持激情，和教师间建立信任。这种看似与课程内容关系不大的工作，不仅可方便教师的教学，还可以在教师作出一些重大变革时，使得学生能够体谅教师，从而可减小学生的心理负担，不会对其学习造成影响。教师在日常的教学中不能只关注自己的成绩，还应及时了解学生们的想法，看他们的期望是否实现了，对未来有什么样的规划，需要教师进行什么样的指导，怎么调整自己的计划，哪些地方需要改善。通过这些工作来判断与学生间建立的心理契约是否处于一种健康的状态，及时加固师生间的心理契约。仅从日常教学角度来说，教师应多关心学生的生活，主动寻找机会听取学生的意见。这样才能与学生间保持一个畅通的交流渠道，而不致使学生的不良情绪淤积，导致师生间产生互相不信任的恶果。

心理契约是存在形式特殊的契约类型，可以有效地补充文本契约条目的不足。心理契约具有动态变化和无形性的特点，这一特点的存在使得心理契约可以随着外界环境和人的改变而相应作出调整，从而使双方之间的契约更加牢固。心理契约具有无形的凝聚功能。① 心理契约的达成从客观上讲不仅仅是文本契约，还存在雇佣关系和感情关系。相互之间情感的约束有时候可以使契约的一方因为感情的存在而放弃利益的追逐，做出奉献。② 通过研究发现，不同立场的师生关于心理契约的责任在某些方面仍有差异。如从体育教师立场上看，学生责任认知与自我认知水平个体间差异巨大；从学生立场上看，体育教师责任认知与自我认知水平个体间差异同样很大。其中，性别并不是重要的影响因素，若从男女学生立场进行比较，体育教师责任认知与自我认知水平均具有显著差异水平。而从已婚体育教师立场上来说，学生责任总体认知与学生责任的自我总体认知水平差异不显著，其中，交往责任、品行责任、提升责任和竞赛责任差异不显著，而教学责任差异显著；未婚体育教师立场上的学生责任总体认知与学生责任的自我总体认知水平有显著差异，且在各个维度上均存在显著差异。职称高的体育教师立场上的学生责任认知与学生责任的自我认知水平差异不显著。不同项目体育教师与学生的心理契约存在差异，其中，体能主导类师生的心理契约不存在差异，技能主导类、集体项目类和个人项目类的存在差异。年龄大的体育教师立场上的学生责任认知与学生责任的自我认知的水平差异不显著。由以上可看出，不同性别、职称结构、年龄、婚姻状况等都会对师生心理契约造成影响，同时，外在因素也会对师生心理契约的维度造成一定的影响。因此，学校在招聘教师的时候，应该考虑教师的性别、职称结构、年龄、婚姻状况等因素，同时，根据教师的不同个人特质，将其放到合适的教学岗位上。对不同类别学生的管理，也应该有个性化的管理方法。学校应该以文本契约的形式加强对教师的管理。

---

① 参见易东：《刍议知识型员工的心理契约管理》，《商业时代》2012 年第 10 期。

② 参见高维和、黄沛、江晓东：《人际沟通与企业间关系：心理契约的中介作用》，《管理评论》2012 年第 4 期。

第三节 体育教师和学生心理契约的履行机制

心理契约主要由履行契约动机的产生、履行过程和履行契约的结果三部分组成。在履约过程中，三种履行行为会受到不同因素的影响，那样就会造成三种不同的结果。心理契约的初步关系建立后，后续如何发展就要看契约的双方怎么履行自己的契约。这主要受契约双方的性格、利益和外部环境的影响，同时，契约主体的履约行为还依赖于主体自己的判断。此外，即使契约双方中的一方履行了契约，另一方也不一定要照做，因为缔结契约的双方所作出的举动都是为了得到回报，如何能够使得利益最大化才是契约双方考虑的。还有一种奇怪的现象，那就是不同的履行契约的行为，有时会得到相同的结果，且不受主体是否履约以及环境因素的影响。本研究认为，体育教师和学生的心理契约在履行过程中会受到不同外界环境因素的影响，体育教师与学生心理契约责任的履行程度会表现出动态特性，不同特征的体育教师的心理契约履行度存在差异，学生随着年级的增加，心理契约责任的履行值先升高后降低。当体育教师和学生的心理契约在某一方面达成一致时，双方履行契约的程度也可能与以往有区别。年龄的变化、学习阶段的不同、知识的不断积累以及心理成熟度等，都会导致心理契约履行的差异。因此，在体育教师和学生的管理中，不能片面地强调某一方面，应以教师为主导，正确指引学生形成教学期望。通过互动、交流，确保师生履行契约的一致性。

心理契约的违背与履行取决于心理契约的动态发展。关于心理契约的动态研究，Freese 和 Schalk(1996)提出，正常情境中，员工对于组织为他们提供的内容的认知与员工认为自己为组织提供的内容是平衡的，在此范围内可能有一些波动但能被双方接受，并不需要对契约内容进行过多的修改(即平衡型)。如果员工认为组织或员工提出了超出自己认可的内容，无论是正向还是负向的，则会出现以下两种情况：一是对心理契约进行重新修订；二是终止现有的心理契约。[①]

双方达成的心理契约，会由于环境的变化、自身条件的改变或基于自身利益的考虑而出现完全不同的履约行为。一般情况下可划分为三类情况：第一种情况是，无论环境发生什么样的改变，双方都履行契约。也就是说，无论是否对双方有利，都履行契约。第二种情况是，由于环境的改变，导致契约的一方不愿

---

① 参见潘颖：《从心理契约角度提高派遣制员工满意度》，《中国水运》2012 年第 9 期。

意继续履约。最后一种情况是，环境的改变导致当事人失去维护契约的能力。[①]心理契约的履行始终要保持公平和动态平衡，若因环境的变化打破了这一平衡，由于没有文本的约束，契约的主体就会单方面作出相应的调整，以维持其平衡。如果调整后的心理契约满足一方的要求或者可以被另一方所承认，这种调整对契约的影响不大；否则，将会对心理契约的运行造成影响。

第四节　体育教师和学生心理契约的违背与破裂机制

心理契约的违背与破裂过程是当前研究的热点。发挥心理契约的作用是依靠践行及破裂过程来实现的一系列过程来完成的，暗示是贯穿于整个契约过程的交流方式。其形成过程就是双方通过暗示交流，在相互了解的情况下形成稳固的契约关系。[②] 如果契约的双方或一方因为外界因素的变化或误解而违约，则可能导致心理契约的破裂。若契约主体中的一方在契约破裂时采取消极的情绪或报复行为，将会导致双方关系的恶化，从而使得另一方对契约的履行持悲观的态度。因此，契约双方的暗示对心理契约的作用影响很大。

契约的最终实现情况取决于契约双方在外界环境变化情况下的原初心理契约完成度，这对于契约的最终实现有着重要的意义。无论是什么行为，所有导致契约破裂的举动都是消极的，尤其是一些人为了自己的利益而放弃承担心理契约中自己应当承担的责任。因此，如果契约双方中的一方不能坦然地面对利益和过失，将会使契约的另一方遭受损失；同时，由于口头的契约没有纸质文件的约束力，还会使得造成的损失没办法追究。如此一来，契约双方往往会为了自己的利益而不顾及另一方的利益，致使双方陷入困境。这一困境叫作“囚徒博弈”。有些契约人在契约完成后会细心地观察和留意对方的态度和做法，来确保对方是否愿意或者是否有实力去完成契约，从而决定自己是否要履行承诺。但是，在很多情况下，缔约者难以在开始阶段就直接判定对方是否符合自己的条件，因为在具体的履约过程中，环境的变化、双方的具体情况等一些未知因素，会使得契约主体仅仅考虑自己的利益，以自己为出发点。这也会使契约双方陷入囚徒困境。

---

① 参见李宗波、李巧灵：《高校辅导员心理契约违背的作用机制——基于社会交换理论的实证研究》，《中南大学学报》(社会科学版)2012 年第 6 期。

② 参见王善臣：《心理契约视角下的高校教师激励分析》，《工会论坛(山东省工会管理干部学院学报)》2012 年第 5 期。

心理契约的违背与破裂会对契约中的主体造成不利，同时受损方也会进行打击报复。由于不愿见到这种情况的出现，契约双方都会想方设法维持双方的关系，此境况是心理契约的反向激励功能。同时，若履行心理契约能给契约双方带来好处，如提高企业效益，提升员工薪水，促进学生的学习行为等，将会促进双方更好地履行心理契约，此现象为心理契约的正向激励作用。[①]

在一般情况下，若两个人之间发生冲突，行为人往往会下意识地将错误推给对方，而不容易换位从不同立场上进行考虑。事实上，若能站在对方的角度思考问题，很多矛盾都能迎刃而解。心理契约也是一样，作为主体的双方，因为一些原因导致契约破裂时，缔约双方均需要从两方面考虑问题，而不是只考虑自己。然而，由于心理契约具有内隐的特点，契约的双方只是默契地以心照不宣的方式对契约作出承诺，并没有像文本形式的合同那样明确地将时间、地点，以及在契约破裂情况下的解决方法等内容记录下来，它更多的还是主观上的想法。综上所述，在该领域现有研究成果的基础上，结合实际的案例，可以看出，由于契约中的一方没有正确地履行契约的内容而导致的契约破裂主要是由主体之间没有对契约关系作出合理的知觉判断导致的。

违背心理契约的情况出现时还可以根据双方的情况进行调整，但是契约一旦破裂，就意味着契约的终结。这主要取决于契约双方的感知程度，如果一方的违背在可以接受的范围内，那么契约还可以继续；如果超出了另一方可以承受的限度，那么契约将走向破裂。

若缔结契约的一方对另一方有违背契约的现象发生，虽然会使受损方产生情绪上的不满，但是因为在其可以接受的范围内，采取的解决方法多较为缓和，还可以为了契约的继续而压制自己的情绪。然而，一旦超过了受损方可以承受的限度，契约就会变得十分不稳定，极易走向破裂，而缔约者也无法再压制自己的情绪。这种在双方情绪上的不同表现也是区别心理契约违背和破裂的方式。

当契约面临着不同程度的违背和破裂时，缔结契约的双方的反应程度也是不一样的。例如，在公司和员工之间，如果员工感到公司违背了契约，就会产生消极的情绪，这可能会导致员工丧失工作积极性，从而降低工作效率和工作质量。但是，若公司让员工彻底失望的话，员工就会感觉到契约的破裂，这样的情况出现时，如果员工的情绪过激，就很容易出现员工离职的情况。

---

① 参见唐文源、李频宇：《基于心理契约理论的电子商务课堂教学效果提升策略探讨》，《中国管理信息化》2012 年第 11 期。

第五节　体育教师与学生的心理契约对教师教学行为和学生学习行为的影响

以理论和实证调查数据为基础进行的研究发现，体育教师与学生间的心理契约与教师教学行为和学生学习行为之间的关系并不是简单的线性关系，而是一种非常复杂的关系，受到各种因素的影响还会发生多种不可预测的变化。体育教师和学生心理契约责任的建立，在一定程度上代表建立了良好的师生隐形关系，从而有助于进一步促进教师教学行为和学生学习行为往积极的方向发展。同时，体育教师和学生之间的心理契约并不是所有的责任都会去履行，只有当体育教师和学生之间心理契约的履行会积极提高教师的教学行为和学生的学习行为时，才会去履行。在影响教师教学行为和学生学习行为的因素中，组织环境的影响不容忽视。高校的组织结构合理，各部门职能明确，可以为师生提供丰富的教学资源和很好的精神文化，能够很好地支持教师和学生建立良好的关系，同时，学校有良好的晋升和薪酬体系，这些都会积极地影响教师的教学行为和学生的学习行为，调节体育教师和学生心理契约履行向教师教学行为和学生学习行为转化的过程。尽管研究体育教师与学生之间的心理契约对学生学习行为的影响是非常复杂的，但是只要不断加深理论知识，不断探索，通过实证调查还是可以系统而深入地接近事物的本源，从而得出有一定意义的结论。

当体育师生间达成相关心理契约后，在教与学的关系中，很明显体育教师处于主导位置，因此，体育教师在教育和教学过程中的履约行为表现如何，对学生的学习行为将有很大的影响。如果体育教师在具体的教育和教学过程中的行为违背了师生间的心理契约，例如，学生感觉教师的课堂讲授没有条理，没有重点，内容乏味，理解课程内容很困难，那么，学生的内在性学习需要就得不到满足，其学习动机就会明显减弱。反之，如果体育教师在日常的教育和教学过程中的言行表现都符合师生心理契约的期望，例如，教师课堂上的授课通俗易懂，且能够激发学生学习的浓厚兴趣，积极引导学生深入思考，那么，就能有效地激发学生潜在的学习需要，使学生的学习动机得到进一步的加强。同样，学生的履约行为如何也会对教师的教学行为产生很大影响。学生心理契约责任项的良好履行能够促进教师在教学活动中不断精益求精；如果学生频频不履约，那么，教师教学行为的良性效果就会停滞不前甚至倒退。

第六节　心理契约工作机制的探讨

心理契约作为一种双向互动的心理期望，在教师管理中加入了心理和人文关怀因素，为体育教师管理研究打开了一个新的视窗，可推进高校体育教师管理。影响体育教师工作状态的因素除了心理契约外，还有人格特征、性格特征、道德因素等，这为我们研究心理契约增加了难度。但通过研究我们可以证明，心理契约是一个不可忽视的、相当重要的方面。可以毫不夸张地说，心理契约每时每刻都在发挥作用，这也是我们在心理契约领域进行研究的价值所在。本章研究的目的，主要是通过综述前面几章理论与实证研究得出的结果，来分析、提炼、探索高校体育教师与学生之间的心理契约与体育教师工作状态之间的作用机制。从心理契约论的角度，对高校体育师生和管理层进行较深入的剖析，以促进心理契约的社会功能在高校体育师生管理中淋漓尽致地发挥。

一、提高心理契约对人行为的影响

每个人都在社会这个大舞台上扮演着形形色色的角色，而这些角色之间需要不同的契约来完成。这个舞台上给人的契约有明显的契约，也有隐藏性的契约。Schein 认为，心理契约决定着组织行为的发展。[①]学校是一个非营利性组织，师生之间无利益存在，在这样的情况下，除了学校的规章制度外，学校的管理层应该更加注重学生和教师之间的关系，或者说重视心理契约。在心理契约存在的情况下，学生和教师能够相互了解对方的下一步工作。不仅可让学生了解如何选择活动才能被教师认可，从而产生自豪感；同时，还能让教师了解学生的具体想法和相关建议。这样，学校对学生和教师的管理就有了更高的灵活性，而不一定非要用硬性的规章制度。

教师和学生同属于学校的一分子，都希望能够被对方认可，使自己的心理需求得到满足，以便于更好地履行心理契约的内容。相关资料显示，组织在给予员工高度压力的同时，也会改变员工的行为，慢慢地，员工的行为就会和组织的标准相一致，从而促进组织的发展，这就是人们常说的“从共”现象。组织在给员工压力的时候也同时在对员工进行考验，来判断员工个人的态度，这时，心理契约就成了无形的准则。同理，如果能在体育教师和学生之间正确地发挥心理契约的作用，且将心理契约落实到现实中，就能减少教师和学生之间的矛盾。

二、了解心理契约的构建与履行机制

构建良好的履约行为，才能更好地发挥师生心理契约的作用。因此，学校的管理层要努力加强体育师生之间心理契约的构建和履行，让学生和教师之间的心态更加契合，提高默契度，以在不同环境和不同因素下保证心理契约的顺利履行。由于体育教师和学生之间的心理契约的构建满足双方心理契约互相期望的那部分内容，心理契约的期望是由内、外在需求而产生的，要使得体育教师与学生的心理契约关系更加稳定，学校的管理者可以从以下几个方面作出改进：

1. 增强师生双方的暗示水平和感知能力

构建良好的心理契约的前提是双方必须都同意，且有较高的期望值，这种期望值是在每个成员自己内心主动产生的。同时，学校对于构建体育师生间的心理契约要给予足够的支持，这样才能促进心理契约的稳固发展。如何让体育教师和学生感觉到要建立心理契约，暗示的方式很重要。由于在生活中大部分人的暗示水平和感知能力都是一样的，所以学校应该通过该校的文化理念，让学校的教师和学生在生活中不断地观察对方的行为、说话的方式、对方的喜好、身体的语言，从而培养暗示的方式。只有教师和学生在充分了解暗示语言的情况下，心理契约的双方才能在暗示语言发出的时候知道它的意思，这样才能更好地促进心理契约的履行。与此同时，学校的管理层还要教导学生和教师怎么通过工具来暗示，以此加强暗示的技能，提高双方的感知能力。

2. 帮助师生适时调整心理期望

心理契约构建的首要条件就是建立师生间的相互期望，但是并不是满足了相互期望的条件就可以建立心理契约，还需要考虑学生和教师双方对心理契约的期望值是不是相互匹配。只有在适当的情况下，师生之间内隐的联系才可以慢慢地转化为心理契约。在这样的情况下，学校的管理者应该对建立心理契约所需的外部条件进行调控，帮助教师和学生实时地调整期望值，这样才能让教师和学生了解自己的需求，在适当的情况下把自己的期望值调节到双方容易匹配的程度。

学校管理者应该让学生和教师在建立心理契约的过程中，进行更加深入的了解，提高期望值，这样才能确保建立的心理契约能够符合教师和学生的需求，同时，通过教师和学生的沟通，能够更加平稳地促进心理契约的发展。

三、学校要促进师生心理契约如约履行

体育院校师生心理契约和谐关系的构建需要学校出台一系列措施和政策支持。相对来说，契约的构建并不是非常困难，重要的是，在完成了契约的缔结以后，如何确保契约的履行。在契约的履行过程中，要留意契约双方主体的意愿和外部环境的变化。若是由于环境因素导致契约未能顺利履行，就需要改变环境因素；若环境因素没办法改变，可以考虑放弃该心理契约。只有这样，才能够减少因为违背契约而造成的损失。为了防止在履约的过程中出现某一方违背契约的情况，在契约双方签订心理契约时，要以口头协定的方式来制约这种行为，预防违约的发生。

环境的变化不管对哪个组织都是有影响的，面对这样的改变，学校应该大力倡导诚实守信的原则，以此来约束由于环境变化导致的违背契约或契约破裂行为。一方面，强化教师和学生诚实守信的观念，在他们生活的环境中建立良好的舆论监督和失信惩戒机制，迫使其履行原则；另一方面，塑造教师和学生诚实守信的价值观念，通过教育、奖励、树立模范等途径让他们自觉、主动地做一个优秀人才，从而建立双方对履约行为的自律。

在日常的心理契约履行过程中，还出现了一部分学生主动违反契约的现象。导致这种现象的一个重要原因在于，很多大学生没有足够的社会经验，容易被校园外精彩的生活所诱惑，而对社会的残酷与阴暗缺乏足够的警惕，仅仅依靠片面的认识就用"读书无用"论否定在校学习的重要性。这种错误的认知使得他们放纵自己的行为，主动违反契约的规定，最终导致契约的破裂。

学校的管理层要充分发挥心理契约对师生双方的激励与约束功能。因为一旦发生心理契约违背或者破裂的情况，至少会有一方受到伤害，受害的一方很有可能会采取一些方式对契约另一方作出惩罚。例如，如果学生违背了心理契约，那么，教师的教育和教学活动就会受到影响；同样的，如果教师违背了心理契约，那么，学生就会出现消极情绪，甚至失去学习的兴趣和动力。为了避免这样的现象出现，心理契约的双方都应该为契约的平衡贡献一份力量，而这同时也能起到正向激励的作用。体育院校中的主体主要是体育教师和学生，环境和关系相对单纯，发挥心理契约的激励与约束功能，效果就会更加明显。这就要求学校借助心理契约的契机，来激发学生的斗志和创造力，使其能够得到更加全面、自由的发展。

四、要遵守心理契约中的公平约定

高校师生之间心理契约的首要条件就是教师要公平地对待每一位学生。对学生来说，公平的问题体现在物质层面和精神层面两个方面。物质层面上要求对外在物质条件的基本需求能得到满足，精神层面上要求得到教师的尊重、认可、奖励等。所以，教师在对学生进行奖励或者惩罚时，都必须遵循公平的原则。教师在日常的教学活动中公平与否，是学生最关心也是最敏感的问题。所以，在构建体育院校师生之间的心理契约时，一定要公平、公正地对待学生的行为表现、学习成绩以及参与组织活动的积极性，正确地处理学生的奖励与惩罚。如果教师在其教学过程中言行不一，有失公允，学生就会对师生之间的心理契约产生违背和抵抗的心理，进而会对学生的专业学习产生消极的影响。相反，如果教师在教学过程中能够公平、公正地履行师生之间的心理契约，那么，心理契约的促进和激励功能就会在教学过程中得到充分的发挥，教师也可以通过心理契约来激励和影响学生的学习行为。

五、引导学生将期望设定在“最近发展区”

作为心理契约构建的一个重要前提条件，期望的设定是至关重要的。期望的设定对发挥心理契约的激励和约束功能非常重要。期望设定得过高或过低都会影响心理契约作用的发挥。具体来说，如果教师对学生的学习行为期望值太高，学生即使付出再多的努力也无法实现这一期望，就会阻碍师生心理契约的构建过程；相反，如果教师对学生设定的期望值太低，或者学生自己设定的期望值过低，这种期望实现起来非常容易，由这种期望构建出的心理契约就不能有效地发挥激励和约束作用。前苏联著名的心理学家维果茨基曾经提出了“最近发展区”的理论，他认为，“最近发展区”是每个个体设定工作和学习目标时最理想的区域。因此，对于高校教师来说，要想有效地运用心理契约来进一步促进学生的学习行为，就需要正确地了解学生的“最近发展区”，对学生的期望进行合理的设定。这种期望在设定时要有适当的挑战性，同时要符合学生的实际情况。通过设定合理的期望，可以进一步促使学生将教师的期望转换为自身的期望，对师生心理契约的构建有着积极的促进作用；同时，也有利于教师激发心理契约的积极促进作用，从而激励学生的学习行为。

六、推动个性化心理契约的达成与履行

对于同一所学校当中的学生来说，他们表现出来的期望和需求会有很多的共同之处。但是，由于不同的学生有不同的个性，除了共同需求外，不同学生的内、外在需求又是各不相同的。对于学校和教师来说也是如此。进一步来说，随着时间的推移，不同学生在内、外因素的影响下，其自身的期望值也会出现变化。所以，如果只是重视师生之间共性的心理契约的作用，而忽视不同学生群体之间个性的师生心理契约，就大大局限了师生心理契约所能发挥的作用。师生之间个性化心理契约构建的基础是师生之间个性化的期望。所以，教师在教学实践的过程中，要积极地与学生进行交流与互动，了解和掌握不同学生的个性与期望需求，从而构建出不同个体之间的个性化心理契约，在各自心理契约的履行过程中，针对不同学生的心理特征与期望，使用差异化的教学方式开展教学。这样才能有效地发挥师生心理契约的作用，从而调动起每个学生学习的主动性与积极性，激励学生成才。

在高校当中，由各种不同的规章制度形成的文本契约在规范学生的行为方面所起的作用是毋庸置疑的。但是，随着社会大环境的变化，教学环境的多样化导致学习风气每况愈下，越来越多的人认识到，只依靠传统的规章制度来进行管理的局限性越来越大。要想合理地解决学生的学习态度与学习行为问题，就需要注重师生心理契约的作用与影响，要将原来的只注重单方面的期望来激发学生的学习动机逐渐转变为激发互动性的师生心理契约，通过对双方期望的认可来实现相互鼓励与约束，在学生学习行为的引导方面发挥积极的促进作用。本研究从理论上系统地对心理契约对高校学生学习行为的影响机制进行了实证研究，并提出了一条可借鉴的高校教学管理新思路，为我国高校学风的转变提供了一条与传统规章制度相互补的新途径。

七、增进高校体育师生心理契约的管理

1. 加深体育院校教师对心理契约的理解，合理引导教师和学校管理层及时反思各自在工作中所存在的问题

在实际管理过程中，学校管理层和大部分教师都不了解心理契约的基本概念，对心理契约内容与特征的认识也不清楚，也不了解心理契约的履行和违背情况，更不用说学生在性别、年龄、性格等方面所存在的不同。因此，在师生心理契约的管理当中，学校管理层和教师要提高对心理契约的了解，从行为、政

策、工作条件等方面加强学习和引导,进一步认识心理契约的管理效率。同时,要提升高校体育教师的职业道德水准,重视他们自身修养能力的提高,使他们树立崇高的职业理想,确立正确的世界观、价值观、人生观。此外,体育教师应该通过自己的努力,让社会看到、知道和了解体育的作用、功能,改进学校的体育工作,推动社会的体育进步,促进民族体质的提高,以心怀学生、献身理想、服务社会的匹夫有责之精神,努力工作,为祖国的进步和繁荣贡献自己的一份力量。

2. 要进一步重视高校师生心理契约形成和修正方面的工作,尽可能减少教师违背心理契约的情况

因为对师生心理契约来说,教师的激励是其形成的基础,对其内容影响甚大。心理契约是在每个主体自身因素与外界环境因素的共同影响下,随着主体心理过程的变化逐渐形成的。所以,对学校来说,需要向心理契约的双方提供正确的基础信息,正确把握外界条件,对主体的自身条件进行正确判断。只有这样,才可能形成良性的心理契约。而这一过程在教师入职时学校就应该进行培训。在教师入职之后,学校要进一步根据环境的变化和教师自身的感受不断地对心理契约进行调整。对于高校,笔者有如下建议:选拔招聘与契约初建时,作好教师的入职前培训,具体明确契约双方的责任和义务,避免双方出现理解的歧义,形成合理的心理预期;文本契约与心理契约并用,采用刚柔相济的管理手段,促使高校体育教师工作初期的“蜜月期”、随后的“危机期”和最后的“稳定期”顺利过渡;时时修正变化中的心理契约,促进教师的职业生涯良好地发展,当心理契约履行不好时,要及时修正,否则,容易造成心理契约破裂的严重后果;共同完成教师职业生涯的规划,实现学校与教师的双赢;对于违背心理契约的情况,要认真分析原因,及时查找对策。稳定的环境可以保持教师和学生心理契约的平衡。但是,学校环境并不是一成不变的,在管理中总会出现这样那样的问题,造成心理契约的变化,以致出现违约现象。这时,应该进行合理的归因,教师要理解学校的管理难处,学校也要体谅教师的艰辛,对违约情况客观分析,及时调控。

3. 要逐步建立以心理契约为基础的高校激励机制,以便于教师管理体系的形成

由于心理契约本身对教师就有激励和鼓励的作用,是教师综合激励机制的核心内容。因此,要进一步重视高校教师的管理工作,建立合理、公正和公平的管理体系,保证激励作用的有效发挥。要在成长、人文、经济等方面对教师加以

关怀,尽量满足教师的合理需求,以促进教师积极工作,提升工作能力,从而实现管理的高效化。具体来说,主要可从以下方面展开:成长与发展对每一个教师来说,都是其最大的愿望。良好的成长与发展机会是每个教师的向往,高校体育教师也不例外。高校管理者应该提供合适的环境让教师得以更好地成长、发展。人文关怀指学校要重视教师的劳动成果。教师作为知识型员工,经济收入不是其唯一的目标,精神层次的需要对他们来说也同样重要,是他们衡量自我价值实现的重要指标。在关怀教师、制定合理的管理制度时,要保证教师行为的可控性,要在尊重的基础上充分体现学校管理的灵活性;同时,要对不同教师之间的差异进行平衡。学校要定期组织教师进行集体活动,对每个教师的个人状态与生活加以关注,这样才能体现出学校的人文关怀。重视高校体育教师价值的自我实现是重视他们劳动成果的重要体现,它将激发高校体育教师工作者的潜能和动力。很多高校体育教师由于体育课不受重视、场地器材不够充分等原因,就自暴自弃、不负责任。既不认真备课,也不钻研教材;既不进行科研,也不进行教法改革。他们闲时发牢骚,工作时放任自流,并导致恶性循环,在整个行业系统内形成了不好的风气。高校应该构建激励体育教师努力工作的机制,采取奖惩相结合的措施,督促其进行教学改革和自觉进行科研。物质条件的保证是促使高校体育师生心理契约良好运行的一个重要方面。很多高校因体育器材和体育设施极度缺乏,造成教师上课效果打折扣、组织调度难度增加、学生听课不认真等不良效果,也打击了教师上课的积极性。学校应定期开展体育竞赛,以使体育教师可以有机会体现自身的专业素养,向其他专业教师展现自己能跑善跳、身手敏捷、技艺高超的特长,从中获得自我满足感、成就感、受人崇拜感。此外,学校还应定期组织体育教师带领学生参与校外的竞赛,从而体现高校体育教师指导学生训练的能力,反映体育教师的专业特色。这是高校体育教师学以致用的最佳展示,是他们获得荣誉的良好途径。

4. 构建基于心理契约的干预机制,以便于教师进行职业规划

对体育院校的师生来说,保持合理、有效的沟通方式能够调节契约履行过程中出现的问题,同时,还有利于进一步加深双方的了解。因为心理契约不是永恒不变的,它需要不断地进行修正和调整。只有加强契约双方的沟通与交流,才能使契约双方更好地了解对方,不断地认同对方的期望、追求和认识,从而不断地调整自己的认识与利益,最终形成共同的行为准则,建立有利的心理契约。通过对心理契约违背的情况进行分析后发现,当理想的期望与实际的收获产生差异时,教师就会出现消极的反应,且这一过程会持续一定的时间。因

此，学校要通过多种策略和方法来减小高校体育教师的消极反应，尽可能采取有效的方式来降低契约违背后的不良影响。对高校的体育教师来说，学校要以环境责任为主，为其提供良好的人际关系和发展环境。人际关系主要是指学校内部的不同院系、班级之间要形成公平、公正、良好的团队，同时，保证团队工作氛围的和谐与积极向上。而学校发展环境则表示学校方要满足教师在事业发展等方面的基本需求，进而促使教师能够积极主动地工作，在工作中获得较好的荣誉感、满足感与成就感。

5. 建立基于心理契约的监督机制，约束高校教师的行为

制定系统、规范的规章制度，来监督高校教师的行为表现。监督系统应当包括对奖罚制度、分工与合作、言行规范、程序方法、工作运行机制以及薪酬福利的界定等。这样才能为教师创造出良好的工作氛围与生活环境。在管理时，学校要重视社会公德和职业道德对教师行为的约束与规范。另外，还要加强教师自身的约束教育活动，对教师的言行举止、行为作风等作进一步的引导。

八、学生主动寻求与教师建立适宜的心理契约

要在师生间建立良好的心理契约，不仅需要校方和教师的努力，还需要作为缔约一方的学生群体的合作。现代教育提倡发挥学生学习的自主性，高校为学生提供的职业生涯规划指导，就是为了服务学生更好地确立自己参与学习活动的动机，从而有的放矢。对学生来说，在尝试与教师建立心理契约之前，必须要对自我的学习动机有一个比较清楚的了解。由前面的研究我们知道，心理契约是契约双方对于彼此责任和期望心照不宣的约定。试问一下，如果一个对自己期望能从教师那里得到什么样的帮助都一无所知的学生，又如何能要求教师在心理契约中承担相应的责任和义务呢？在中小学教学实践中，一个常见的教学活动就是教师给学生布置的一份类似新学期目标或者打算的作业。其实，这一过程就是有经验的教师在帮助学生明确学习动机，然后再根据学生的期望来构建心理契约，如此就可以最大限度地避免出现违背契约乃至契约破裂的后果。由于教学条件所限，一位教师很难兼顾到每个学生的学习目标。而相比于中小学生，大学生已经具备足够的学习能力，这就要求他们在建立心理契约前能够有意识地自我审视或寻求帮助，预先明确自己期待从心理契约中获得什么。

成功建立了心理契约并不意味着就深入了教师与学生的内心，契约也不一定能够按照理想状态顺利履行。在契约履行过程中，学生要做的就是及时反思

自己是否一直处于健康、合理的状态中，包括自己的期望与教师的期望是否都得到了良好的实现，若未实现，原因何在；是自己的原因导致契约违背而使心理契约没有得到顺利履行，还是因为一些不可控的外部环境改变使原有的契约变得不合时宜。在此基础上，学生要做的是加强与教师的沟通与交流，避免教师的指导因为工作过忙或其他原因而出现盲区。在沟通的过程中，要及时查找心理契约的症结所在并且作出有针对性的修正，不可令心理契约这种极其特殊的契约形式变得僵化，而要发挥心理契约机动、灵活的优势。另外，高校学生在日常的学习活动中要不断地对心理契约的稳定性作出强化。事实上，如果用更加通俗的语言来描述，所谓强化心理契约，就是学生在学习中要听从教师的教导，执行教师布置的学习任务，尊重、理解教师，在获得一个阶段性的进步后与教师共同分享喜悦，必要时为教师提供力所能及的帮助。这些是学生应该遵守的一些基本规则，成为一名合格的学生就是在履行与教师之间的心理契约。

第八章　结论与建议

第一节　研究结论

随着我国高等教育的不断普及与高校招生规模的逐渐扩大，我国体育院校的招生规模也同样表现出稳定的增长。与其他高校扩招所带来的问题相同，随着体育专业招生规模的不断扩大，怎样保证有效的教学质量和学生体育专业技能的学习成为了现阶段我国体育专业教育研究的一个重要领域。随着我国高等院校各项改革措施的不断实施，学校与学生之间的关系逐渐从原来纯粹的教育与接受教育、管理与被管理发展为现在的教育服务者与教育消费者。在这种形势之下，就需要高校的管理层和优秀的教师科学地指引学生的学习态度和学习行为，从而获得更好的教育成果。

本研究依托我国高等学校体育教学的特有文化背景，将管理学中的先进理念与高校体育教师与学生关系的处理实践紧密结合。而心理契约作为从管理心理学角度来探讨教师与学生关系的切入点，更加注重从体育教师与学生的内心和精神领域，分析二者之间的心理契约结构，考察和评价二者心理契约的履行程度，透视双方的关系现状，研究心理契约对人际关系的作用机制，并在实证研究的基础上，结合相关理论，进行深层次的探讨，提出改善教师与学生心理契约及关系的合理建议和对策，以此为依据，为高校体育教师管理政策的制定提供依据。主要研究成果包括以下几个方面：

(1)在广泛调研的基础上，认真总结并汲取了以往学者对心理契约研究的各项成果，利用探索性和验证性研究编制和分析了体育教师与学生的心理契约量表。该量表的调查问卷分析了体育教师和学生心理契约的双向履行情况，包括教学责任、竞赛责任、提升责任、品行责任和交往责任 5 个维度。其中，关于学生的责任期望为18个题项，关于教师的责任期望和权利期望也为18个题项。该量表在一定程度上解决了过去对双向观心理契约非唯一性而导致无法进行实证研究的难题，打破了以往一直以单项视角作实证分析的局面，有利于研究体育教师与学生的心理契约情况。

(2)证实了在体育教学领域不同心理契约之间的内容既有共同之处也存在差别的推断。体育教师对学生责任的认知与学生责任的自我认知水平之间有显著差异；学生对体育教师责任的认知与体育教师责任的自我认知水平之间同样具有显著差异。

通过对不同人口学特征的高校体育教师与学生之间的心理契约进行比较，不同立场上的人群对这一问题的认识有所不同：①不同性别师生的心理契约差异不同。男女学生立场上的体育教师责任认知与体育教师责任的自我认知水平均具有显著差异。②不同婚姻状况教师的心理契约差异不同。已婚体育教师立场上的学生责任总体认知与学生责任的自我总体认知水平差异不显著，其中，交往责任、品行责任、提升责任和教学责任差异不显著，而竞赛责任存在显著差异；而未婚体育教师立场上的学生责任总体认知与学生责任的自我总体认知水平有显著差异，且在各个维度上均存在显著差异。③不同职称体育教师的看法不同。职称高的体育教师立场上的学生责任认知与学生责任的自我认知水平差异不显著。④不同项目教师与学生的心理契约存在差异。其中，体能主导类师生的心理契约不存在差异，技能主导类、集体项目类和个人项目类的存在差异。⑤年龄也是一个影响因素。年龄大的体育教师立场上的学生责任认知与学生责任的自我认知水平差异不显著。

(3)在得出不同体育教师与学生心理契约的异同的基础上，还研究了体育教师与学生履行心理契约的区别，进一步印证了体育院校师生心理契约在教师责任和学生责任上的履行度都存在一定差异的研究假设。体育教师的心理契约责任履行程度高于学生，其中，学生的教学责任、竞赛责任和交往责任履行程度较低。在性别对体育教师与学生履行心理契约影响的研究上，笔者认为，男体育教师对体育教师与学生的心理契约的履行程度较高，男学生对体育教师与学生的心理契约的履行程度较高。婚姻也是影响体育教师与学生心理契约责任履行程度的重要因素。已婚体育教师心理契约责任履行值低于未婚教师，其中，教学责任和竞赛责任差异最大。不同技能项目对体育教师与学生心理契约责任的履行程度存在影响。体能主导类对心理契约责任履行程度的影响高于技能主导类，个人项目类对心理契约责任履行程度的影响高于集体项目类。这可能与不同项目教师教学的思路和方法不同有关。体育教师与学生心理契约责任的履行程度也表现出动态特性，随着年级的增加，学生心理契约责任的履行值先升高后降低。通过调研、假设所得出的结论可为差异的体育院校根据自身的层次和特色进一步探寻关于师生的心理契约等问题，提供了具有一定借鉴意义和参考性的方式和方法，同时，为高校教师对学生进行管理和在心理契约等方面进行指导提供了一种崭新的观点和手段。

(4)研究了体育教师和学生心理契约责任、心理契约履行对教师教学行为和学生学习行为的影响机制，结论为：体育教师和学生心理契约责任的建立对教师教学行为和学生学习行为存在正向影响；体育教师和学生心理契约责任的建立对体育教师和学生心理契约履行存在正向影响；体育教师和学生心理契约履行对教师教学行为和学生学习行为存在正向影响；体育教师和学生心理契约履行在体育教师和学生心理契约责任与教师教学行为和学生学习行为之间起中介作用；组织环境在体育教师和学生心理契约履行与教师教学行为和学生学习行为之间起调节作用。这就为高校教育管理者采取管理措施与方法以及促进学生的学习行为提供了有力的理论研究支撑。

第二节　研究不足之处与展望

本研究从心理契约这一视角对体育教师与学生双向的心理契约关系进行透视研究，制定了体育教师和学生心理契约的五维度结构量表，从而更好地预测体育教师和学生之间的心理契约，并对体育教师与学生心理契约的结构和履行状况进行研究，探讨其对教师教学行为和学生学习行为的影响。但是，本研究仍然具有一些不足之处，主要表现在以下几个方面：

(1)在研究对象上，本研究选择了 7 所体育院校的教师和学生，其研究对象集中于专业的体育院校，而忽略了一般性大学的公共体育课体育教师和学生群体，未来应该从更宽广的角度去研究体育教师和学生之间心理契约的建立、履行以及对教师教学行为和学生学习行为的影响等，丰富本研究的成果。

(2)在专业的体育院校中，教师的教学责任除了理论教学外，还包括训练教学，“教学活动”中有“训练因素”，“训练活动”中也有“教学因素”。本研究将“训练”和“教学”在专业体育院校中的地位看成是并重的，两者相辅相成，因此，将“训练”和“教学”统一为“教学责任”维度，从一定程度上来说，并没有厘清两者的关系，未来希望进一步对“训练”和“教学”两者的心理契约责任是否一致进行研究。

(3)过去的研究并没有从教师与学生双向的视角研究专业的体育院校中师生心理契约的建立,因此,本研究通过对体育教师和学生进行访谈,结合专业的体育院校中教师的教学活动以及心理契约的理论,确立了教学责任、竞赛责任、提升责任、品行责任和交往责任5个维度。通过问卷调查认为,该量表结构合理,可信度较高,能够很好地预测体育教师和学生之间的心理契约。未来应该从更多的角度去阐述5个维度之间的关系以及在体育教师和学生心理契约理论中的应用,从而丰富本研究的成果。

(4)心理契约的概念属于管理心理学范畴,目前对它的研究侧重于管理,而缺少心理方面的探讨。在今后的研究中,应从心理学角度剖析心理契约的形成过程。心理契约具有不确定性、动态性、双向性、隐藏性的特点,但本书没有对其动态性进行研究。心理契约的动态性表现在,随着学习或工作时间的延长,心理契约会出现调整。未来的研究应该在确定研究样本后进行追踪研究,探讨一年、两年、三年后心理契约的变化。

(5)本研究通过结构方程模型,探讨了体育教师和学生心理契约的履行机制及对教师教学行为和学生学习行为的影响。教师的教学行为和学生的学习行为是一个整体,积极的教师教学行为对学生的学习行为存在正向影响,反之亦然。同理,学生的学习行为对教师教学行为的影响也是一样的。本书在研究师生心理契约的建立、履行以及影响结果时,并没有将教师和学生割裂开来分析。为进一步完善本研究,未来需要进一步分解教师责任、履行与环境、结果的关系以及学生责任、履行与环境、结果的关系。另外,影响教师教学行为和学生学习行为的因素很多,并不只有学校的组织环境,还包括师生关系、师生沟通、师生积极互动、学习动机、学习倦怠等因素。未来应该从更多的角度去探讨体育教师和学生心理契约的履行机制及对教师教学行为和学生学习行为的影响机制。

附　录

附录一　访谈提纲

亲爱的体育教师/学生/专家：

您好！感谢您参加本次访谈。本次访谈旨在了解体育教师与学生间的心理契约状况，以探讨体育教师与学生之间的关系。本次访谈采取匿名形式，访谈结果仅用于科学研究，不会给您带来任何不利影响，请您根据自己的实际情况作答。谢谢合作！

1. 请问体育学院教师和学生在教或学过程中应该履行哪些责任？为什么？
2. 请问体育学院教师和学生在教或学过程中应该享有哪些权利？为什么？
3. 体育学院教师在教学过程中最关注的是哪方面？
4. 体育学院学生在学习过程中最关注的是哪方面？

附录二　体育教师与学生的心理契约量表（体育教师卷）

亲爱的体育教师：

您好！感谢您参加本次调查。本次调查旨在了解体育教师与学生间的心理契约状况，以探讨体育教师与学生之间的关系。本调查采取匿名形式，调查结果仅用于科学研究，不会给您带来任何不利影响，请您根据自己的实际情况作答。谢谢合作！

第一部分:体育教师基本情况

下面题目是了解有关您的一些基本情况,请在符合自己的答案前打"√"或在横线处填写适当的内容。

1. 您的性别是:

A. 男　　B. 女

2. 您的婚姻状况是:

A. 已婚　　B. 未婚

3. 您的执教年限是:

A. 1～5 年　　B. 6～10 年　　C. 11～15 年　　D. 15 年以上

4. 您的年龄是:

A. 30 岁以下　　B. 31～40 岁　　C. 41～50 岁　　D. 50 岁以上

5. 您执教的运动项目是________________(请务必填写)。

6. 您的最终学历是:

A. 大专及以下　　B. 本科　　C. 硕士　　D. 博士

7. 您的职称是:

A. 助教　　B. 讲师　　C. 副高　　D. 正高

第二部分:本部分是测量体育教师对学生的心理契约。请您仔细阅读下面的指导语:以下项目是在体育教师与学生的关系中体育教师应该做到的方面。您认为,您在多大程度上认同下述事情,不管是以明确的方式还是默许的方式。请对照每个条目进行选择,并在相应的选项下打"√"。

体育教师责任	完全认同	基本认同	认同	基本不认同	完全不认同
1. 合格完成课堂教学任务	1	2	3	4	5
2. 训练学生完成体育技能学习	1	2	3	4	5
3. 指导学生进行课外活动	1	2	3	4	5
4. 严格管理学生的学习纪律	1	2	3	4	5
5. 赛前能针对不同比赛为学生制定比赛策略	1	2	3	4	5
6. 赛中能够洞悉对方的技战术	1	2	3	4	5
7. 赛中能适时调整技战术	1	2	3	4	5
8. 赛后能及时总结经验和教训	1	2	3	4	5

续表

体育教师责任	完全认同	基本认同	认同	基本不认同	完全不认同
9. 注意方法、手段及量和负荷等安排的细节之处，精益求精	1	2	3	4	5
10. 努力为学生争取读书深造的机会	1	2	3	4	5
11. 尽力为学生提供工作平台和资源	1	2	3	4	5
12. 经常通过各种途径学习新知识并努力深造	1	2	3	4	5
13. 具有较强的人格魅力	1	2	3	4	5
14. 为人师表	1	2	3	4	5
15. 公正、公平并坚持原则	1	2	3	4	5
16. 尊重并理解学生	1	2	3	4	5
17. 能与学生进行良好的交流和沟通	1	2	3	4	5
18. 必要时为困难的学生提供帮助	1	2	3	4	5

第三部分：本部分是测量学生对体育教师的心理契约。请您仔细阅读下面的指导语：以下项目是在体育教师与学生关系中学生应该做到的方面。您认为，您在多大程度上认同您的学生要做下述事情，不管是以明确的方式还是默许的方式。请对照每个条目进行选择，并在相应的选项下打“√”。

学生责任	完全认同	基本认同	认同	基本不认同	完全不认同
1. 上课专心听讲、积极思考	1	2	3	4	5
2. 训练中能配合教学并摸索出适合自己的训练方法并适时改进	1	2	3	4	5
3. 课后及时复习训练内容	1	2	3	4	5
4. 善于学习借鉴其他项目的训练方法和理念并灵活运用	1	2	3	4	5
5. 赛前能配合教师共同制定比赛策略	1	2	3	4	5

续表

学生责任	完全认同	基本认同	认同	基本不认同	完全不认同
6. 赛中能够很好地执行教师的技战术	1	2	3	4	5
7. 赛中能顺应形势调整技战术	1	2	3	4	5
8. 赛后能及时总结经验和教训	1	2	3	4	5
9. 对提高自身技术水平的各个细节都给予关注并努力改善	1	2	3	4	5
10. 努力争取更多的读书深造的机会	1	2	3	4	5
11. 为今后的毕业找工作做好更充分的准备	1	2	3	4	5
12. 经常通过各种途径学习新知识并努力深造	1	2	3	4	5
13. 具有勤奋刻苦的精神	1	2	3	4	5
14. 脚踏实地完成各项训练或比赛任务	1	2	3	4	5
15. 为人诚信可靠	1	2	3	4	5
16. 尊重并理解教师	1	2	3	4	5
17. 能与教师进行良好的交流和沟通	1	2	3	4	5
18. 必要时为教师提供力所能及的帮助	1	2	3	4	5

附录三 体育教师与学生的心理契约量表(学生卷)

亲爱的学生：

您好！感谢您参加本次调查。本次调查旨在了解体育教师与学生间的心理契约状况，以探讨体育教师与学生之间的关系。本调查采取匿名形式，调查结果仅用于科学研究，不会给您带来任何不利影响，请您根据自己的实际情况作答。谢谢合作！

第一部分:学生基本情况

下面题目是了解有关您的一些基本情况,请在符合自己的答案前打"√"或在横线处填写适当的内容。

1. 您的性别是:

A. 男　　B. 女

2. 您从事该项运动的年限是:

A. 1～5 年　　B. 6～10 年　　C. 11～15 年　　D. 15 年以上

3. 您的年龄是:

A. 15 岁以下　　B. 16～20 岁　　C. 20～25 岁　　D. 26～30 岁

4. 您从事的运动项目是________________(请务必填写)。

5. 您是大学几年级的学生?

A. 大一　　B. 大二　　C. 大三　　D. 大四

6. 您的运动员等级是:

A. 三级　　B. 二级　　C. 一级　　D. 一级以上

第二部分:本部分是测量体育教师对学生的心理契约。请您仔细阅读下面的指导语:以下项目是在体育教师与学生的关系中体育教师应该做到的方面。您认为,您在多大程度上认同您的教师要做下述事情,不管是以明确的方式还是默许的方式。请对照每个条目进行选择,并在相应的选项下打"√"。

体育教师责任	完全认同	基本认同	认同	基本不认同	完全不认同
1. 合格完成课堂教学任务	1	2	3	4	5
2. 训练学生完成体育技能学习	1	2	3	4	5
3. 指导学生进行课外活动	1	2	3	4	5
4. 严格管理学生的学习纪律	1	2	3	4	5
5. 赛前能针对不同比赛为学生制定比赛策略	1	2	3	4	5
6. 赛中能够洞悉对方的技战术	1	2	3	4	5
7. 赛中能适时调整技战术	1	2	3	4	5
8. 赛后能及时总结经验和教训	1	2	3	4	5

续表

体育教师责任	完全认同	基本认同	认同	基本不认同	完全不认同
9. 注意方法、手段及量和负荷等安排的细节之处，精益求精	1	2	3	4	5
10. 努力为学生争取读书深造的机会	1	2	3	4	5
11. 尽力为学生提供工作平台和资源	1	2	3	4	5
12. 经常通过各种途径学习新知识并努力深造	1	2	3	4	5
13. 具有较强的人格魅力	1	2	3	4	5
14. 为人师表	1	2	3	4	5
15. 公正、公平并坚持原则	1	2	3	4	5
16. 尊重并理解学生	1	2	3	4	5
17. 能与学生进行良好的交流和沟通	1	2	3	4	5
18. 必要时为困难的学生提供帮助	1	2	3	4	5

第三部分：本部分是测量学生对体育教师的心理契约。请您仔细阅读下面的指导语：以下项目是在体育教师与学生关系中学生应该做到的方面。您认为，您在多大程度上认同要做下述事情，不管是以明确的方式还是默许的方式。请对照每个条目进行选择，并在相应的选项下打“√”。

学生责任	完全认同	基本认同	认同	基本不认同	完全不认同
1. 上课专心听讲、积极思考	1	2	3	4	5
2. 训练中能配合教学并摸索出适合自己的训练方法并适时改进	1	2	3	4	5
3. 课后及时复习训练内容	1	2	3	4	5
4. 善于学习借鉴其他项目的训练方法和理念并灵活运用	1	2	3	4	5
5. 赛前能配合教师共同制定比赛策略	1	2	3	4	5

续表

学生责任	完全认同	基本认同	认同	基本不认同	完全不认同
6. 赛中能够很好地执行教师的技战术	1	2	3	4	5
7. 赛中能顺应形势调整技战术	1	2	3	4	5
8. 赛后能及时总结经验和教训	1	2	3	4	5
9. 对提高自身技术水平的各个细节都给予关注并努力改善	1	2	3	4	5
10. 努力争取更多的读书深造的机会	1	2	3	4	5
11. 为今后的毕业找工作做好更充分的准备	1	2	3	4	5
12. 经常通过各种途径学习新知识并努力深造	1	2	3	4	5
13. 具有勤奋刻苦的精神	1	2	3	4	5
14. 脚踏实地完成各项训练或比赛任务	1	2	3	4	5
15. 为人诚信可靠	1	2	3	4	5
16. 尊重并理解教师	1	2	3	4	5
17. 能与教师进行良好的交流和沟通	1	2	3	4	5
18. 必要时为教师提供力所能及的帮助	1	2	3	4	5

附录四　体育教师与学生履行心理契约情况的测量量表(体育教师卷)

亲爱的体育教师:

您好！感谢您参加本次调查。本次调查旨在了解体育教师与学生间的心理契约履行状况,以探讨体育教师与学生之间的关系。本调查采取匿名形式,调查结果仅用于科学研究,不会给您带来任何不利影响,请您根据自己的实际情况作答。谢谢合作!

第一部分:体育教师基本情况

下面题目是了解有关您的一些基本情况,请在符合自己的答案前打“√”或在横线处填写适当的内容。

1. 您的性别是:

A. 男　　B. 女

2. 您的婚姻状况是:

A. 已婚　　B. 未婚

3. 您的执教年限是:

A. 1～5 年　　B. 6～10 年　　C. 11～15 年　　D. 15 年以上

4. 您的年龄是:

A. 30 岁以下　　B. 31～40 岁　　C. 41～50 岁　　D. 50 岁以上

5. 您执教的运动项目是________(请务必填写)。

6. 您的最终学历是:

A. 大专及以下　　B. 本科　　C. 硕士　　D. 博士

7. 您的职称是:

A. 助教　　B. 讲师　　C. 副高　　D. 正高

第二部分:本部分是测量体育教师对学生的心理契约履行情况。请您仔细阅读下面的指导语:以下项目是在体育教师与学生的关系中体育教师应该做到的方面。您认为,您在多大程度上能做到下述事情,不管是以明确的方式还是默许的方式。请对照每个条目进行选择,并在相应的选项下打“√”。

体育教师责任	完全做到	基本做到	差不多做到	基本做不到	完全做不到
1. 合格完成课堂教学任务	1	2	3	4	5
2. 训练学生完成体育技能学习	1	2	3	4	5
3. 指导学生进行课外活动	1	2	3	4	5
4. 严格管理学生的学习纪律	1	2	3	4	5
5. 赛前能针对不同比赛为学生制定比赛策略	1	2	3	4	5
6. 赛中能够洞悉对方的技战术	1	2	3	4	5
7. 赛中能适时调整技战术	1	2	3	4	5

续表

体育教师责任	完全做到	基本做到	差不多做到	基本做不到	完全做不到
8. 赛后能及时总结经验和教训	1	2	3	4	5
9. 注意方法、手段及量和负荷等安排的细节之处，精益求精	1	2	3	4	5
10. 努力为学生争取读书深造的机会	1	2	3	4	5
11. 尽力为学生提供工作平台和资源	1	2	3	4	5
12. 经常通过各种途径学习新知识并努力深造	1	2	3	4	5
13. 具有较强的人格魅力	1	2	3	4	5
14. 为人师表	1	2	3	4	5
15. 公正、公平并坚持原则	1	2	3	4	5
16. 尊重并理解学生	1	2	3	4	5
17. 能与学生进行良好的交流和沟通	1	2	3	4	5
18. 必要时为困难的学生提供帮助	1	2	3	4	5

第三部分：本部分是测量学生对体育教师的心理契约履行情况。请您仔细阅读下面的指导语：以下项目是在体育教师与学生关系中学生应该做到的方面。您认为，您的学生能在多大程度上做到下述事情，不管是以明确的方式还是默许的方式。请对照每个条目进行选择，并在相应的选项下打"√"。

学生责任	完全做到	基本做到	差不多做到	基本做不到	完全做不到
1. 上课专心听讲、积极思考	1	2	3	4	5
2. 训练中能配合教学并摸索出适合自己的训练方法并适时改进	1	2	3	4	5
3. 课后及时复习训练内容	1	2	3	4	5
4. 善于学习借鉴其他项目的训练方法和理念并灵活运用	1	2	3	4	5
5. 赛前能配合教师共同制定比赛策略	1	2	3	4	5
6. 赛中能够很好地执行教师的技战术	1	2	3	4	5

续表

学生责任	完全做到	基本做到	差不多做到	基本做不到	完全做不到
7. 赛中能顺应形势调整技战术	1	2	3	4	5
8. 赛后能及时总结经验和教训	1	2	3	4	5
9. 对提高自身技术水平的各个细节都给予关注并努力改善	1	2	3	4	5
10. 努力争取更多的读书深造的机会	1	2	3	4	5
11. 为今后的毕业找工作做好更充分的准备	1	2	3	4	5
12. 经常通过各种途径学习新知识并努力深造	1	2	3	4	5
13. 具有勤奋刻苦的精神	1	2	3	4	5
14. 脚踏实地完成各项训练或比赛任务	1	2	3	4	5
15. 为人诚信可靠	1	2	3	4	5
16. 尊重并理解教师	1	2	3	4	5
17. 能与教师进行良好的交流和沟通	1	2	3	4	5
18. 必要时为教师提供力所能及的帮助	1	2	3	4	5

附录五　体育教师与学生履行心理契约情况的测量量表(学生卷)

亲爱的学生：

您好！感谢您参加本次调查。本次调查旨在了解体育教师与学生间的心理契约履行状况，以探讨体育教师与学生之间的关系。本调查采取匿名形式，调查结果仅用于科学研究，不会给您带来任何不利影响，请您根据自己的实际情况作答。谢谢合作！

第一部分:学生基本情况

下面题目是了解有关您的一些基本情况,请在符合自己的答案前打"√"或在横线处填写适当的内容。

1. 您的性别是:

A. 男　　B. 女

2. 您从事该项运动的年限是:

A. 1～5 年　　B. 6～10 年　　C. 11～15 年　　D. 15 年以上

3. 您的年龄是:

A. 15 岁以下　　B. 16～20 岁　　C. 20～25 岁　　D. 26～30 岁

4. 您从事的运动项目是________(请务必填写)。

5. 您是大学几年级的学生?

A. 大一　　B. 大二　　C. 大三　　D. 大四　　E. 本科以上

6. 您的运动员等级是:

A. 三级　　B. 二级　　C. 一级　　D. 一级以上

第二部分:本部分是测量体育教师对学生的心理契约履行情况。请您仔细阅读下面的指导语:以下项目是在体育教师与学生的关系中体育教师应该做到的方面。您认为,您的教师能在多大程度上做到下述事情,不管是以明确的方式还是默许的方式。请对照每个条目进行选择,并在相应的选项下打"√"。

体育教师责任	完全做到	基本做到	差不多做到	基本做不到	完全做不到
1. 合格完成课堂教学任务	1	2	3	4	5
2. 训练学生完成体育技能学习	1	2	3	4	5
3. 指导学生进行课外活动	1	2	3	4	5
4. 严格管理学生的学习纪律	1	2	3	4	5
5. 赛前能针对不同比赛为学生制定比赛策略	1	2	3	4	5
6. 赛中能够洞悉对方的技战术	1	2	3	4	5
7. 赛中能适时调整技战术	1	2	3	4	5
8. 赛后能及时总结经验和教训	1	2	3	4	5

续表

体育教师责任	完全做到	基本做到	差不多做到	基本做不到	完全做不到
9. 注意方法、手段及量和负荷等安排的细节之处,精益求精	1	2	3	4	5
10. 努力为学生争取读书深造的机会	1	2	3	4	5
11. 尽力为学生提供工作平台和资源	1	2	3	4	5
12. 经常通过各种途径学习新知识并努力深造	1	2	3	4	5
13. 具有较强的人格魅力	1	2	3	4	5
14. 为人师表	1	2	3	4	5
15. 公正、公平并坚持原则	1	2	3	4	5
16. 尊重并理解学生	1	2	3	4	5
17. 能与学生进行良好的交流和沟通	1	2	3	4	5
18. 必要时为困难的学生提供帮助	1	2	3	4	5

第三部分:本部分是测量学生对体育教师的心理契约履行情况。请您仔细阅读下面的指导语:以下项目是在体育教师与学生关系中学生应该做到的方面。您认为,您能在多大程度上做到下述事情,不管是以明确的方式还是默许的方式。请对照每个条目进行选择,并在相应的选项下打“√”。

学生责任	完全做到	基本做到	差不多做到	基本做不到	完全做不到
1. 上课专心听讲、积极思考	1	2	3	4	5
2. 训练中能配合教学并摸索出适合自己的训练方法并适时改进	1	2	3	4	5
3. 课后及时复习训练内容	1	2	3	4	5
4. 善于学习借鉴其他项目的训练方法和理念并灵活运用	1	2	3	4	5
5. 赛前能配合教师共同制定比赛策略	1	2	3	4	5

续表

学生责任	完全做到	基本做到	差不多做到	基本做不到	完全做不到
6. 赛中能够很好地执行教师的技战术	1	2	3	4	5
7. 赛中能顺应形势调整技战术	1	2	3	4	5
8. 赛后能及时总结经验和教训	1	2	3	4	5
9. 对提高自身技术水平的各个细节都给予关注并努力改善	1	2	3	4	5
10. 努力争取更多的读书深造的机会	1	2	3	4	5
11. 为今后的毕业找工作做好更充分的准备	1	2	3	4	5
12. 经常通过各种途径学习新知识并努力深造	1	2	3	4	5
13. 具有勤奋刻苦的精神	1	2	3	4	5
14. 脚踏实地完成各项训练或比赛任务	1	2	3	4	5
15. 为人诚信可靠	1	2	3	4	5
16. 尊重并理解教师	1	2	3	4	5
17. 能与教师进行良好的交流和沟通	1	2	3	4	5
18. 必要时为教师提供力所能及的帮助	1	2	3	4	5

附录六　体育院校学生专业学习行为问卷

亲爱的学生：

您好！感谢您参加本次调查。本次调查旨在了解当代体育院校大学生的专业学习行为状况，以探讨体育教师在学生教学中的管理对策。本调查采取匿名形式，调查结果仅用于科学研究，不会给您带来任何不利影响，回答没有对错之分。您回答得好坏取决于它在多大强度上反映了您的真实想法和感受。因此，要尽可能如实作答。谢谢您的合作！

第一部分：学生基本情况

下面题目是了解有关您的一些基本情况，请在符合自己的答案前打"√"或在横线处填写适当的内容。

1. 您的性别是：

A. 男　　　　B. 女

2. 您从事该项目的年限是：

A. 1～5 年　　B. 6～10 年　　C. 11～15 年　　D. 15 年以上

3. 您的年龄是：

A. 15 岁以下　　B. 16～20 岁　　C. 20～25 岁　　D. 26～30 岁

4. 您从事的运动项目是________________（请务必填写）。

第二部分：本部分是测量体育院校大学生的专业学习行为。请对照每个条目进行选择，并在相应的选项下打"√"。

大学生专业学习行为	完全符合	基本符合	符合	基本不符合	完全不符合
1. 我总是积极主动地学习专业运动技术	1	2	3	4	5
2. 我课前总是积极准备教师将要教授的专业技术知识	1	2	3	4	5
3. 我上课不迟到早退，多思善问，勤于练习	1	2	3	4	5
4. 我积极参加院校举办的各种形式的比赛，提高自己的实战能力	1	2	3	4	5
5. 我总是认真地练习教练传授的每一个技术动作	1	2	3	4	5
6. 我善于批判性思维，敢于质疑本专业领域权威	1	2	3	4	5
7. 我喜欢与教师或教练和同学进行运动技术交流	1	2	3	4	5
8. 我喜欢帮教师或教练做体育类的专业研究	1	2	3	4	5
9. 我积极关注专业发展及动态	1	2	3	4	5

续表

大学生专业学习行为	完全符合	基本符合	符合	基本不符合	完全不符合
10. 如果取消考试，我仍然会认真学习体育专业技术	1	2	3	4	5
11. 我希望加入我所从事运动项目的民间组织	1	2	3	4	5
12. 我对学习的体育教育专业非常了解	1	2	3	4	5
13. 我在专业课的学习中完全投入自己的精力	1	2	3	4	5
14. 已学过的技术课，我能展示完整示范动作	1	2	3	4	5
15. 我有主动提高技术动作学习的欲望	1	2	3	4	5
16. 课余时间，我会回顾学过的技术动作	1	2	3	4	5
17. 我认为，教师教学所用教材新颖性程度很高	1	2	3	4	5
18. 我认为，教师的课程设置科学	1	2	3	4	5
19. 我认为，教师的授课质量高	1	2	3	4	5
20. 我的性格比较好	1	2	3	4	5

第三部分：本部分是测量您对所在高校的组织环境的评价。请对照每个条目进行选择，并在相应的选项下打“√”。

高校的组织环境	完全符合	基本符合	符合	基本不符合	完全不符合
1. 学校提供很好的教学条件和资源，支持教师创新教学	1	2	3	4	5
2. 学校的工作环境和工作氛围很好	1	2	3	4	5
3. 学校的办学理念正确，有着很好的精神文化	1	2	3	4	5
4. 学校的组织结构合理，各部门职能明确	1	2	3	4	5
5. 学校能够很好地支持教师和学生建立良好的关系	1	2	3	4	5
6. 学校有良好的晋升和薪酬体系	1	2	3	4	5

续表

<table>
<tr><td colspan="6">第四部分：本部分是测量您对体育教师教学能力的评价。请对照每个条目进行选择，并在相应的选项下打“√”。</td></tr>
<tr><td>1. 体育教师有良好的讲解能力</td><td>1</td><td>2</td><td>3</td><td>4</td><td>5</td></tr>
<tr><td>2. 体育教师有良好的动作示范能力</td><td>1</td><td>2</td><td>3</td><td>4</td><td>5</td></tr>
<tr><td>3. 体育教师有良好的体育教学组织管理能力</td><td>1</td><td>2</td><td>3</td><td>4</td><td>5</td></tr>
<tr><td>4. 体育教师有良好的纠正错误技术动作的能力</td><td>1</td><td>2</td><td>3</td><td>4</td><td>5</td></tr>
<tr><td>5. 体育教师有良好的体育教学专项技术能力（如田径、体操、球类等）</td><td>1</td><td>2</td><td>3</td><td>4</td><td>5</td></tr>
<tr><td>6. 体育教师有良好的设计教学文件的能力</td><td>1</td><td>2</td><td>3</td><td>4</td><td>5</td></tr>
<tr><td>7. 在学习技术动作时，体育教师能很好地保护</td><td>1</td><td>2</td><td>3</td><td>4</td><td>5</td></tr>
<tr><td>8. 体育教师的教学效果好</td><td>1</td><td>2</td><td>3</td><td>4</td><td>5</td></tr>
<tr><td>9. 体育教师的教学方法新颖</td><td>1</td><td>2</td><td>3</td><td>4</td><td>5</td></tr>
<tr><td>10. 体育教师具有良好的制订训练计划的能力</td><td>1</td><td>2</td><td>3</td><td>4</td><td>5</td></tr>
<tr><td>11. 体育教师有良好的组织课外运动、比赛的能力</td><td>1</td><td>2</td><td>3</td><td>4</td><td>5</td></tr>
<tr><td>12. 体育教师能充分利用学校有限的体育器材与设施</td><td>1</td><td>2</td><td>3</td><td>4</td><td>5</td></tr>
</table>

主要参考文献

[1]Chris Argyris,*Understanding organization behavior*, London: Dorsey Press,1960,pp. 23-29.

[2]Edgar H. Schein, *Organizational psychology*(3rd edition), Englewood cliffs,NewJersy: Prentice-Hall,1980,pp. 89-90.

[3]Denise M. Rousseau,"New hire perceptions of their own and their employer's obligations: A study of psychological contracts," *Journal of Organizational Behavior*,1990,11(5):pp. 389-400.

[4]Sandra L. Robinson and Denise M. Rousseau,"Violating the psychological contract: Not the exception but the norm," *Journal of Organizational Behavior*,1994,15(3): pp. 245-259.

[5] William H. Turnley and Daniel C. Feldman, "Re-examining the effects of psychological contract violations: Unmet expectations and job dissatisfaction as mediators," *Journal of Organizational Behavior*, 2000,21(1): pp. 25-42.

[6]Rita Claes,"Organization promises in the triangular psychological contract as perceived by temporary ageney workers,agencies, and client organizations,"*Employee Responsibilities and Rights Journal*, 2005, 17 (3): pp. 131-142.

[7]张大均:《教育心理学》,人民教育出版社 2005 年版。

[8]李原:《员工心理契约的结构及相关因素研究》,首都师范大学博士学位论文,2002 年。

[9]黄华维:《基于心理契约的企业价值观内化研究》,厦门大学硕士学位论文,2009 年。

[10]王姝:《基于心理契约理论的高校教师管理研究》,南京理工大学硕士学位论文,2012 年。

[11]张飞文:《高校师生心理契约演变及违背破裂的个案研究》,中国科学技术大学硕士学位论文,2010 年。

[12]诸葛相丽:《高校师生心理契约学生性别差异及其履行程度研究》,中国科学技术大学硕士学位论文,2010 年。

[13]杨光旭:《高校师生心理契约与教师履约效应研究》,中国科学技术大学硕士学位论文,2009 年。

[14]吴刚:《工作场所中基于项目行动学习的理论模型研究》,华东师范大学博士学位论文,2013 年。

[15]段晓群:《高校师生心理契约对学生学习行为的影响研究》,中国科学技术大学硕士学位论文,2008 年。

[16]曹威麟、杨光旭:《高校教师履行心理契约责任对学生学习行为影响的研究》,《黑龙江高教研究》2008 年第 8 期。

[17]王爱芬:《心理契约的综述研究》,《教育理论与实践》2009 年第 S1 期。

[18]陈加州、凌文辁、方俐洛:《心理契约的内容、维度和类型》,《心理科学进展》2003 年第 4 期。

[19]李原、郭德俊:《组织中的心理契约》,《心理科学进展》2002 年第 1 期。

[20]王永刚:《组织公平、心理契约违背与工作态度——基于"绩效工资"政策背景下高校教师的实证分析》,《南京理工大学学报》(社会科学版)2012 年第 6 期。

[21]韩明等:《高校教师心理契约问卷的编制》,《心理发展与教育》2010 年第 3 期。

[22]邹循豪、陈俊钦:《高校体育教师心理契约量表的编制与信效度检验》,《武汉体育学院学报》2011 年第 4 期。

[23]牛彩虹、曹威麟:《教师履行心理契约对学生课堂学习行为的影响研究——基于实证研究成果的一项教学实验》,《中国高等教育评估》2010 年第 1 期。